Mitentscheiden und Mithandeln in der Kita

*Raingard Knauer, Benedikt Sturzenhecker,
Rüdiger Hansen*

Mitentscheiden und Mithandeln in der Kita

Gesellschaftliches Engagement
von Kindern fördern

Herausgegeben von der Bertelsmann Stiftung

| Verlag BertelsmannStiftung

Bibliografische Information der Deutschen Nationalbibliothek

Die Deutsche Nationalbibliothek verzeichnet diese Publikation in der Deutschen Nationalbibliografie; detaillierte bibliografische Daten sind im Internet unter http://dnb.d-nb.de abrufbar.

© 2011 Verlag Bertelsmann Stiftung, Gütersloh
Verantwortlich: Sigrid Meinhold-Henschel
Lektorat: Heike Herrberg
Herstellung: Sabine Reimann
Umschlaggestaltung: Bertelsmann Stiftung
Umschlagabbildung: Sergiy Bykhunenko, Dreamstime.com
Satz: Designwerkstatt 12, Katrin Berkenkamp, Bielefeld
Druck: Hans Kock Buch- und Offsetdruck GmbH, Bielefeld
ISBN 978-3-86793-331-5

www.bertelsmann-stiftung.de/verlag

Inhalt

Vorwort 7

Einleitung 11

**Warum eine frühe Förderung gesellschaftlichen
Engagements notwendig ist** 15
Annäherungen an den Begriff
»gesellschaftliches Engagement« 15
Die Bedeutung gesellschaftlichen Engagements
für die Bildungsförderung 30
Zum Zusammenhang von Demokratie und
Kindertageseinrichtungen 46
Zum Zusammenhang von Zivilgesellschaft und
gesellschaftlichem Engagement 57
Warum gesellschaftliches Engagement
Mitentscheiden und Mithandeln beinhaltet 65
Potenziale frühen gesellschaftlichen Engagements 70

**Wie gesellschaftliches Engagement in Kindertages-
einrichtungen ermöglicht werden kann** 77
Den Alltag als (mit-)gestaltbar erfahren 78
Themen, zu denen sich Kinder engagieren können 83
Punktuelles und geregeltes Engagement 91
Was Kinder für ihr Engagement brauchen und wie
pädagogische Fachkräfte gesellschaftliches Engagement
eröffnen können 98

Zum gesellschaftlichen Engagement Erwachsener
in Kindertageseinrichtungen 106

**Das Fortbildungskonzept »Mitentscheiden und
Mithandeln«** 109
Didaktische Grundannahmen 110
Aufbau der Fortbildung 113

Gesellschaftliches Engagement – eine Chance für alle ... 121

Literatur 131

Die Autorinnen und Autoren 137

Vorwort

Engagierte Bürgerinnen und Bürger tragen durch gemeinnützige Tätigkeiten dazu bei, dass unsere Gesellschaft nicht nur bunt und vielfältig ist, sondern auch Gemeinschaft kulturübergreifend gelebt wird. Zahlreiche Angebote entstehen, weil Menschen für sich und andere Verantwortung im sozialen Bereich, in der Bildung, im Sport, in Gesundheitsprogrammen und in der Kunst und Kultur übernehmen. Gesellschaftliches Engagement schafft Entwicklungschancen für den Einzelnen und die Gesellschaft und dient als Impulsgeber für Zukunftsfragen in Politik und Verwaltung.

Engagement findet bereits im frühen Kindes- und Jugendalter statt. Viele Kinder und Jugendliche sind hoch motiviert, sich für das Gemeinwohl einzusetzen. Aktuelle Untersuchungen zeigen, dass sich mehr als ein Drittel der Jugendlichen freiwillig engagiert. Sie profitieren in besonderer Weise, wenn sie sich in Vereinen, Verbänden, Initiativen oder zeitlich befristeten Projekten mit Verantwortung einsetzen, ausprobieren und mitmachen. Sie lernen in der Gemeinschaft, entfalten ihre Persönlichkeit durch neue Erfahrungen in der Arbeit und im Umgang mit Menschen und Themen, entwickeln soziale Kompetenzen und gewinnen Freunde.

Der Anteil der Kinder und Jugendlichen, die sich für gemeinnützige Ziele einsetzen, ist mit 35 Prozent bemerkenswert hoch. Allerdings gelingt es uns noch nicht, junge Menschen zu erreichen, die sozial benachteiligt sind. Bildungsferne, Kinder mit Migrationshintergrund, nur mit einem Elternteil oder in wirtschaftlich angespannten Familienverhältnissen lebend, haben oft nicht den Zugang zu den vielfältigen Angeboten des Engagements und den damit verbundenen Erfahrungen und Entfaltungsmöglichkeiten.

Damit Heranwachsende unabhängig von ihrer Herkunft die »nützliche Erfahrung, nützlich zu sein« (Hartmut von Hentig) machen können, müssen sich Kindertagesstätten und Schulen zu lebendigen Orten der Engagementförderung entwickeln. Denn hier werden alle Kinder und Jugendlichen erreicht.

Die Bertelsmann Stiftung hat deshalb das Projekt »jungbewegt – Dein Einsatz zählt.« initiiert. Es zielt drauf ab, junge Menschen früh an gesellschaftliche Verantwortungsübernahme und Partizipation heranzuführen. In Kooperation mit den Ländern Berlin, Rheinland-Pfalz und Sachsen-Anhalt erarbeiten und erproben wir Konzepte für Kindertageseinrichtungen, Schulen und die außerschulische Jugendarbeit sowie für die Verankerung dieser Angebote in Kommunen.

Mit der vorliegenden Publikation stellen wir Ihnen unser Vorgehen im Bereich der Elementarbildung vor. Das Konzept wurde mit ausgewählten Einrichtungen getestet und auf die Anforderungen des Kita-Alltags ausgerichtet. Die entwickelten Vorschläge werden von der Überzeugung getragen, dass sich in jeder Kindertageseinrichtung die »Gesellschaft im Kleinen« abbildet und der Alltag dort für die Kinder zahlreiche Chancen für ein Engagement, ein persönliches Mitentscheiden und Mithandeln bietet. Das Spektrum der Anwendungsfälle ist breit und reicht von der Stärkung partizipativer Mitsprachemöglichkeiten durch die Initiierung von Kinderparlamenten über vereinsverwandte Strukturen wie der Kita-Karnevalsgruppe zu sozial ausgerichteten Aktivitäten wie dem Kindersanitäter.

Die vorliegende Publikation bietet neben der theoretischen Einführung in das Thema praktische Beispiele, die exemplarisch zeigen, wie es zu einer Umstellung der pädagogischen Praxis und zu einem neuen Selbstverständnis in der Interaktion von Erzieherinnen und Erziehern mit den Kindern kommen kann. Es wird nicht länger für Kinder entschieden und gehandelt, sondern mit ihnen.

Unser Dank gilt allen, die an der Entwicklung und Überprüfung der Konzeption »Mitentscheiden und Mithandeln in der Kita« mitgewirkt haben.

An erster Stelle möchten wir Prof. Dr. Raingard Knauer (Fachhochschule Kiel), Professor Dr. Benedikt Sturzenhecker (Universität Hamburg) und Rüdiger Hansen (Institut für Bildung und Partizipation e.V., Kiel) danken, bei denen die wissenschaftliche Federführung für dieses Teilprojekt der Initiative »jungbewegt – Dein Einsatz zählt.« lag. Weiter danken wir der Evangelischen Kindertagesstätte Hasseldieksdamm (Kiel), dem Tausendfüßler Kinder- und Familiengarten Kaltenkirchen e.V. (Kaltenkirchen) sowie der AWO Kindertagesstätte Lotte Lemke (Halstenbek) für ihren Einsatz während der Pilotphase. Sehr hilfreich war ferner die Unterstützung durch Beate Müller-Czerwonka, Sabine Redecker, Michael Regner sowie Franziska Schubert-Suffrian, die ihre Sichtweise als Fachberater eingebracht haben.

Wir hoffen, Ihnen damit Impulse für die frühe Förderung des gesellschaftlichen Engagements von Kindern zu geben und möchten Sie ermutigen, sich neu auf den spannenden Prozess der Partizipation und Verantwortungsteilung mit Kindern einzulassen – es ist eine Bereicherung.

Brigitte Mohn
Mitglied des Vorstands der Bertelsmann Stiftung

Sigrid Meinhold-Henschel
Senior Project Manager
Leitung des Projektes »jungbewegt – Dein Einsatz zählt.«

Einleitung

In der blauen Gruppe ist es für die Kinder selbstverständlich mitzuhelfen. Wenn der Frühstückswagen von der Erzieherin in den Gruppenraum geschoben wird, finden sich sofort einige Jungen und Mädchen, die von sich aus anfangen, die Tische zu decken.

Ole und Laura sind in dieser Woche Besuchsbegrüßer in der Kita. Sie zeigen Gästen die Einrichtung und beantworten ihre Fragen.

Yvonne und Kerem sind »Werkstattmeister«. Stolz zeigen sie ihren Werkstattpass. Sie haben bewiesen, dass sie wissen, worauf man in der Werkstatt achten muss, und dürfen mit »Gesellen« (Kinder, die auch Werkstattmeister werden wollen) allein die Werkstatt nutzen.

Im Flur der Kindertageseinrichtung hängt ein großes Foto der Delegierten des Kinderparlaments. Diese von allen Kindern gewählten Vertreterinnen und Vertreter diskutieren jeden Freitag zusammen mit den Vertreterinnen der Fachkräfte wichtige Belange der Einrichtung. Die hier getroffenen Entscheidungen sind für alle bindend.

Paula ist seit einiger Zeit in einer Kinderballettgruppe im örtlichen Sportverein. Das finden ihre Freundinnen spannend und bitten sie immer wieder, ihnen Tanzschritte zu zeigen. »Wir wollen eine Ballettgruppe«, lautet die Forderung der Mädchen. Die pädago-

> gischen Fachkräfte nehmen dieses Interesse auf und geben ihm einen Rahmen. Die Ballettmädchen (und ein Junge) dürfen jeden Montag in der Turnhalle Ballett üben. Eine Mutter hat eine Studentin als Honorarkraft vermittelt, die mit den Kindern tanzt.
>
> Torge erzählt in der Gruppe, dass seine Oma im Altenheim in der Nähe der Kita lebt. Sie hat, wie er sagt, die »Vergesskrankheit«. Aber sie spielt gern mit ihm »Mensch ärgere dich nicht«. »Kann ich nicht mal mitkommen?«, fragt Mara. »Ich kann auch gut ›Mensch ärgere dich nicht‹ spielen.« Aus diesem Gespräch entsteht ein Projekt, in dem einige Kinder einmal pro Woche ins Altenheim gehen und gemeinsam mit den Bewohnerinnen und Bewohnern spielen.

Dass Kinder sich an den Aufgaben im Alltag beteiligen wollen, wissen Eltern und Fachkräfte. »Hilf mir, es selbst zu tun«, war schon für Maria Montessori ein wichtiger pädagogischer Leitsatz. Etwas allein tun zu dürfen und zu können, ist für Kinder ein Motor ihrer Bildungsprozesse. Und immer geschieht dies auch in der Gemeinschaft, in der Kinder ihren Alltag verbringen – zunächst in der Familie, dann in der Kindertageseinrichtung, später in der Schule. Kinder erleben in diesen Gemeinschaften, wie sie organisiert sind, wer welche Verantwortung trägt und tragen darf und wie Entscheidungen gefällt werden.

Pädagogische Einrichtungen in einer Demokratie stehen vor der Herausforderung, sich selbst demokratisch zu gestalten – und damit gesellschaftliches Engagement zuzulassen und zu fördern. Somit stehen auch Kindertageseinrichtungen vor der Entscheidung, ob sie Kindern ein Recht auf demokratisches Engagement als das Recht, mitzuentscheiden und mitzuhandeln, zugestehen. Das Konzept »Mitentscheiden und Mithandeln« beschreibt, wie gesellschaftliches Engagement von Jungen und Mädchen schon in Kitas angeregt, ermöglicht und unterstützt werden kann.

Will man heute Kindertageseinrichtungen den konzeptionellen Vorschlag machen, gesellschaftliches Engagement von Kindern zu fördern, stellt sich gleichzeitig die Sorge ein, ihnen damit schon wieder eine neue Aufgabe zu geben. Kitas erleben seit einigen Jahren eine starke Zunahme der gesellschaftlichen und fachlichen Anforderungen, die an sie gestellt werden (vgl. Bundesjugendkuratorium 2008: 13). Sie sollen sich als Bildungseinrichtungen qualifizieren und spezifische Kompetenzen in unterschiedlichen Bereichen fördern (Sprachkompetenzen, naturwissenschaftliche Bildung und vieles mehr). Sie sollen diese dokumentieren und evaluieren und sich auf die Integration von Krippenkindern einstellen. Sie sollen die Übergänge in die Grundschule optimieren und demokratische Partizipation mit Kindern entwickeln. Sie sollen Kinderschutz und Prävention leisten und für interkulturelle Integration sorgen. Sie sollen Defizite familiärer Erziehung kompensieren, eigenständige Bildungsangebote an Mütter und Väter konzipieren, Generationen verbinden und sich zum Stadtteil öffnen. Und jetzt sollen sie auch noch gesellschaftliches Engagement fördern?!

Angesichts dieser Be- und manchmal Überlastung – vor allem im Hinblick auf die Rahmenbedingungen, unter denen viele Einrichtungen arbeiten müssen – stellt sich die Frage, ob man Kindertageseinrichtungen überhaupt noch mit weiteren Aufgaben konfrontieren kann und darf.

Dass wir dies mit dem vorliegenden Konzept wagen, basiert auf der Überzeugung, dass die Förderung gesellschaftlichen Engagements in Kindertageseinrichtungen direkt zusammenhängt mit ihren zentralen Aufgaben und vor allem Bildungsprozesse der Kinder anregt und fördert. Kitas haben die Aufgabe, jedes Kind individuell in seinen Bildungsprozessen zu unterstützen. Bildung und Erziehung gehören seit Pestalozzi und Montessori zum konzeptionellen und theoretischen Grundbestand frühkindlicher Pädagogik. Gesellschaftliches Engagement in der Einrichtung zu fördern, ist ein chancenreicher Weg, Bildung und insbesondere Demokratiebildung zu ermöglichen.

Das Anliegen mag allerdings zunächst erstaunen. Engagement in und für die Gesellschaft und kleine Kinder – das scheint nicht zusammenzupassen. Ähnlich erstaunt reagierten viele Fachkräfte und Eltern vor rund zehn Jahren, als wir begannen, mit dem Konzept »Die Kinderstube der Demokratie« die Partizipationsmöglichkeiten von Kindern in Tageseinrichtungen zu erweitern. Und tatsächlich gibt es bezüglich der Förderung von Partizipation und gesellschaftlichem Engagement zahlreiche Parallelen und Überschneidungen – nicht nur, weil beide Konzepte entscheidende Schlüssel zu Bildung und Demokratie darstellen. Engagementförderung nach dem Konzept »Mitentscheiden und Mithandeln« ist ohne Partizipation gar nicht vorstellbar.

Wie der Titel des Konzepts »Mitentscheiden und Mithandeln« zum Ausdruck bringt, zielt die Förderung gesellschaftlichen Engagements aber nicht nur auf das Recht der Kinder, über Angelegenheiten mitzuentscheiden, die sie und die Gemeinschaft betreffen, sondern darüber hinaus auf das Recht, die gemeinsam getroffenen Entscheidungen aktiv umzusetzen. Das Konzept legt einen besonderen Schwerpunkt auf die Themen des Alltags – also auf all die Themen, die die Erwachsenen in und um die Einrichtung meistens selbstverständlich im Hintergrund regeln, damit ein zufriedenstellender gemeinsamer Alltag überhaupt stattfinden kann.

Im Folgenden werden zunächst die theoretischen Grundlagen für die Förderung gesellschaftlichen Engagements nach dem Konzept »Mitentscheiden und Mithandeln« dargestellt. Das zweite Kapitel klärt, wie dieses Engagement in Kindertageseinrichtungen angeregt und gefördert werden kann. Das dritte Kapitel beschreibt die Konzeptionierung von Fortbildungen, die Fachkräfteteams in den Einrichtungen dabei unterstützen sollen, mehr Engagement der Kinder anzuregen und zuzulassen. Im vierten Kapitel werden die Chancen der Engagementförderung für Kinder, Eltern und Kindertageseinrichtungen anhand von Beispielen aus der Erprobung des Konzepts in Schleswig-Holstein zusammengefasst.

Warum eine frühe Förderung gesellschaftlichen Engagements notwendig ist

Gesellschaftliches Engagement bietet viele Potenziale – für das Subjekt, für die Gesellschaft und für die Demokratie. Dieses erste Kapitel beinhaltet eine theoretische Annäherung an den Begriff, beschreibt die Bedeutung von Engagement für Bildungsförderung, begründet die Notwendigkeit, Kindertageseinrichtungen als demokratische Orte zu gestalten, arbeitet Zusammenhänge zwischen Engagement und Zivilgesellschaft sowie Potenziale von Engagementförderung heraus und gibt erste Hinweise auf eine solche Förderung in Kindertageseinrichtungen.

Annäherungen an den Begriff »gesellschaftliches Engagement«

Um den breiten Begriff des gesellschaftlichen Engagements konkreter fassen zu können, soll hier zunächst geklärt werden, was damit überhaupt gemeint ist. Anders als das traditionelle Ehrenamt verweist »gesellschaftliches Engagement« oder »bürgerschaftliches Engagement« auf die aktive Mitgestaltung der Gesellschaft und die Vielfalt der Engagementformen. Die folgende Definition orientiert sich an der Begriffsbestimmung der Enquete-Kommission zur Zukunft des bürgerschaftlichen Engagements (vgl. Deutscher Bundestag 2002: 38 f.) und an der Definition, die dem Projekt »jungbewegt – Dein Einsatz zählt.« der Bertelsmann Stiftung zugrunde liegt (vgl. Meinhold-Henschel 2010: 51).

Gesellschaftliches Engagement
- ist freiwillig
- ist gemeinwohlorientiert
- verfolgt einen Eigensinn und dient auch der Realisierung eigener Interessen
- findet im öffentlichen Raum statt
- ist nicht auf materiellen Gewinn gerichtet
- wird in der Regel gemeinschaftlich ausgeübt
- greift gesellschaftliche Anliegen auf und macht sich zu deren Anwalt
- umfasst demokratisches Mitentscheiden und Mithandeln

Im Folgenden werden die Elemente dieser Definition genauer ausgeführt und auf Kinder und Kindertageseinrichtungen bezogen: Gesellschaftliches Engagement von Kindern ...

... ist freiwillig

Gesellschaftliches Engagement kann nicht verordnet werden

Engagement für sich und andere kann Kindern nicht verordnet werden. Freiwillig bedeutet, dass man selbst entscheiden kann, ob, wofür und wie man sich engagieren will. Ohne Freiwilligkeit würde Engagement zum Zwangsdienst. Das Engagementinteresse der Kinder ist breit. Es reicht vom Mithandeln-Wollen bei einfachen Verrichtungen im Alltag (»Tisch decken«) bis zum Engagement für spezifische Interessen (»Delfine retten«).

> Kinder fragen häufig den ganzen Tag: »Kann ich mitmachen?« oder »Kann ich helfen?«. Was für Erwachsene oft eher mühsam ist (den Tisch decken, die Geschirrspülmaschine ausräumen, die Einladungen für das Sommerfest zur Post bringen), empfinden Kinder als eine hochinteressante Tätigkeit. Hier mithandeln zu dürfen, heißt für sie, wichtig zu sein. Aber wenn diese Tätigkeit zur Pflicht wird, verlieren sie schnell das Interesse.

... ist gemeinwohlorientiert

Gesellschaftliches Engagement hat immer einen Bezug zur Gemeinschaft – von einer aufeinander bezogenen Gruppe bis zur kommunalen Gemeinde –, in der es stattfindet. Sich für das Gemeinwohl zu engagieren, bedeutet, über die eigenen Interessen hinaus Mitverantwortung für das Wohl aller zu übernehmen – auch wenn dies zu ausgewählten Themen geschieht. Gesellschaftliches Engagement ist nicht egoistische Durchsetzung von eigenen (oder gruppenspezifischen) Interessen, sondern beruht auf einem Bewusstsein darüber, dass man in einer »Gesellschaft« lebt, in der Interessen und Bedürfnisse so ausgeglichen werden müssen, dass ein Nutzen für alle entsteht. Damit ist jedoch kein reiner »Altruismus« gemeint, also ein Handeln, das eigene Interessen zugunsten anderer (völlig) zurückstellt, sondern im gesellschaftlichen Engagement haben auch Eigeninteressen ihren Platz. Denn: »Wer sich selbst nicht wichtig ist, kann auch nicht für andere sorgen, für andere Verantwortung übernehmen« (Deutscher Bundestag 2002: 39).

Etwas für sich tun und etwas für andere tun, hängt zusammen

Gesellschaftliches Engagement ist also ein Handeln, das mitverantwortlich auf das Wohl anderer und aller zielt, aber dabei ebenfalls Motive und Interessen des Individuums erfüllt. Wer etwas für andere und mit anderen tut, hat auch selbst etwas davon. Kinder handeln schon von sich aus so: Sie helfen anderen, machen Verbesserungsvorschläge, setzen sich für Gerechtigkeit ein, entfalten persönliche Interessen, von denen auch andere Kinder profitieren. Sie entwickeln ein Verständnis für die soziale Gemeinschaft ihrer Gruppe und der Kindertageseinrichtung. Sie tun etwas für diese Gemeinschaft und stellen damit die Frage, was denn für alle gut ist.

Was gut für das Gemeinwohl ist, liegt jedoch nicht von vornherein fest. Was jeweils das Gemeinwohl ist und welches Engagement ihm wie nutzt, wird in pluralistisch-demokratischen Gesellschaften permanent in gesellschaftlichem Agieren, öffentlichem Streiten und Diskutieren ausgehandelt.

Dieser Prozess spielt sich auch in Kindertageseinrichtungen ab. Gesellschaftliches Engagement beinhaltet hier ebenfalls ein ständiges Aushandeln darüber, was die Einzelnen brauchen und wollen und wie man zu Lösungen kommt, die für alle annehmbar sind.

> Das Außengelände soll neu gestaltet werden. In die Planung sollen im Rahmen einer Zukunftswerkstatt auch die Kinder einbezogen werden. Dass es unterschiedliche Interessen gibt, wird schon in der Kritikphase deutlich. Die Kinder »diktieren« den Erwachsenen, was sie am bestehenden Außengelände gut bzw. schlecht finden. Als die auf Karten gesammelten Ideen im Gruppenraum an Pinnwänden aufgehängt werden, wird den Kindern deutlich: Verschiedene Kinder bewerten die bestehenden Spielmöglichkeiten unterschiedlich. Was die einen gut finden, finden andere schlecht. So erkennen die Kinder, dass es verschiedene gleichberechtigte Interessen gibt. Im weiteren Verlauf der Zukunftswerkstatt erleben sie auch, wie man trotzdem zu Lösungen kommt, die alle akzeptieren können.

... verfolgt einen Eigensinn und dient der Realisierung eigener Interessen

Gesellschaftliches Engagement beinhaltet immer eigene Interessen und die eigene Art, sich zu engagieren

Dass sich Menschen für ihre Gemeinschaft engagieren, hat ganz unterschiedliche Motive. Die Meinung, als gesellschaftliches Engagement könne nur selbstloses Helfen (Altruismus) verstanden werden, gilt als überholt. Man geht heute davon aus, dass gesellschaftlichem Engagement auch eigennützige Motive zugrunde liegen. Häufig verbinden Engagierte beide Ideen: Sie wollen mit ihrem Handeln etwas für sich und gleichzeitig etwas für andere tun. Die Förderung gesellschaftlichen Engagements erkennt das Eigeninteresse als berechtigt und hilfreich auch für das Gemeinwohl an.

Damit hat gesellschaftliches Engagement immer auch einen Eigensinn – sowohl hinsichtlich dessen, warum sich Menschen engagieren, als auch in Bezug auf die Art und Weise, wie sie dies tun. Auch Kinder engagieren sich aus ihren Interessen heraus und auf ihre eigene Art und Weise. Dabei ändern sich die Motive sowie die Art und Weise des Engagements mit den Kindern (mit jedem neuen Kind kommen neue Interessen hinzu) und auch für die Kinder (was für jedes einzelne Kind interessant ist, verändert sich ebenfalls).

> Aline und Janine interessieren sich seit einiger Zeit sehr für Pferde. Sie beschweren sich, dass es nicht genug Bilderbücher zu diesem Thema in der Kita gibt. Jetzt gehen sie einmal pro Woche mit der Erzieherin in die öffentliche Bücherei und leihen dort Bücher über Pferde aus, die ihnen und vielen anderen Mädchen gefallen. Aber einige Kinder beschweren sich: Sie wollen nicht immer nur Pferdebücher anschauen. Gemeinsam wird überlegt, wie man die unterschiedlichen Interessen berücksichtigen kann. Die Kinder kommen auf die Idee, die Bibliotheksgruppe zu erweitern. Aline und Janine bleiben die Pferdespezialistinnen, andere Kinder setzen andere Schwerpunkte. Aber auch das Interesse von Aline und Janine kann sich wieder ändern – und damit verändern sich auch die Inhalte ihres Engagements.

... findet im öffentlichen Raum statt

»Gesellschaftlich« wird Engagement, wenn es die Sphäre des Privaten (z. B. der Familie) überschreitet und in Bezug zur Öffentlichkeit tritt, also für andere erkennbar wird und auch für sie bedeutsame Themen aufgreift. Wer etwa einen demenzkranken Elternteil pflegt, engagiert sich privat; wer einer Selbsthilfegruppe von Angehörigen Demenzkranker beitritt und für bessere Versorgungsbedingungen kämpft, engagiert sich gesellschaftlich im öffentlichen Raum. Mit dem Übergang aus der Familie in die Kindertageseinrichtung betreten die Kinder erstmals regelmäßig einen (wenn auch pädagogisch geschützten) öffentlichen Raum. Wenn sie sich hier für

Handeln in einem öffentlichen Raum

sich und andere engagieren, unterscheidet sich das von ihrem Helfen innerhalb der Familie. Es wird zu gesellschaftlichem Engagement.

Dabei kann Engagement nur in Gemeinschaften bzw. Öffentlichkeiten stattfinden, die vom Kind konkret erfahrbar sind. Das ist zunächst die Kindertageseinrichtung.

> Die Vier- und Fünfjährigen haben Freude daran, die zweijährigen Kinder, die gerade vorsichtig die Krippenräume verlassen und am »öffentlichen Leben« der gesamten Kita teilnehmen, einzuführen, sie zu begleiten, zu beschützen und zu betreuen. Manche kennen das schon von kleineren Geschwistern zu Hause. In der Kita aber ist ihr Engagement für die »Kleinen« nicht mehr privat: Die anderen Kinder und die Erzieherinnen sehen es und reagieren darauf. Die Älteren bekommen Anerkennung und Lob, aber auch Hinweise, wie zum Beispiel: »Passt bitte auf, dass die Kleinen nicht die großen Scheren nehmen.«

Wenn Kinder sich in der pädagogisch gestalteten und überschaubaren Öffentlichkeit der Kindertageseinrichtung engagieren, ist es auch möglich, sie darin zu unterstützen, sich in der Öffentlichkeit der Kommune zu engagieren. Kinder nehmen zunehmend die gesellschaftliche Öffentlichkeit in der sozialräumlichen Umwelt ihrer Familie und ihrer Kita wahr. Schritt für Schritt können sie lernen, ihr Engagement über diese kleinen Zusammenhänge hinaus in größere Gemeinschaften auszudehnen. So entwickeln vor allem die Älteren kurz vor dem Eintritt in die Schule mehr und mehr das Interesse und den Weitblick, sich auch über die Grenzen der Kindertageseinrichtung hinaus zu engagieren. Dabei kann es aber immer nur um Themen gehen, die ihren Erfahrungshorizont und ihre Interessen berühren, zum Beispiel das Engagement für einen Spielplatz, eine Verkehrsberuhigung in ihrem Umfeld oder den Verkauf einer Kita-Zeitung im Stadtteil.

> Einmal im Monat gibt die Kita eine Zeitung heraus. Reporterinnen und Reporter sind die pädagogischen Fachkräfte und die Kinder. Letztere haben erwachsene »Sekretärinnen«, denen sie diktieren können, was sie in der Zeitung schreiben wollen. Die Kinder entscheiden auch, welche Fotos darin erscheinen sollen. So ist jede Zeitung ein buntes Abbild des Kita-Lebens. Die Zeitung wird an die Eltern für 50 Cent verkauft. Eines Tages sagen Alina und Patrick: »Vielleicht wollen auch andere unsere Zeitung lesen. Unser Opa kauft seine Zeitung immer im Zeitungsladen.« Nun überlegen die Kinder, wie sie ihre Zeitung auch an andere verkaufen könnten. Sie beschließen, zum nächsten Zeitschriftenladen zu gehen und zu fragen, ob dort ihre Zeitung verkauft werden kann.

... ist nicht auf materiellen Gewinn gerichtet

Gesellschaftliches Engagement zielt nicht auf materielle Entlohnung. Wenn sich Kinder engagieren, tun sie dies in erster Linie, weil es ihnen Spaß macht und sie sich als selbstwirksam und sozial integriert in der Gemeinschaft der Kindertageseinrichtung erleben. Auch wenn Kinder keinen materiellen Gewinn durch ihr Engagement haben, »lohnt« es sich für sie durchaus.

Nicht auf materiellen Gewinn gerichtet

> Wenn sich die vierjährige Sina um den eineinhalbjährigen Torben kümmert und ihm beim Essen hilft, erhält sie dadurch keinen direkten materiellen Lohn. Sie freut sich aber über ihr Handeln und Torbens Lachen. Auch das Lob der Erzieherinnen (»du bist für Torben richtig wichtig; schau mal, wie gerne er sich von dir beim Essen helfen lässt«) freut sie und bestätigt sie in ihrem Handeln.

Zum Engagement kann es aber durchaus gehören, sich finanzielle Ressourcen zu erschließen (z. B. durch eine Tombola), um eigene Engagementinteressen und die Belange des Gemeinwohls der Einrichtung umzusetzen.

... wird in der Regel gemeinschaftlich ausgeübt

Gemeinschaftliches Handeln

Zwar kann man sich auch allein engagieren (z. B. allein ein Amt übernehmen), aber der Bezug auf das Wohl aller und der öffentliche Charakter gesellschaftlichen Engagements bringen es mit sich, dass es meistens zusammen mit anderen in offenen oder organisierten Gruppen bzw. Gemeinschaften ausgeübt wird. In der Kita kann es sich um ein gemeinsames Engagement weniger Kinder oder auch einer ganzen Kindergruppe handeln. Solche Kooperationen eröffnen den Einzelnen Anerkennung und Integration, was wiederum als immaterielle Dividende des Engagements verbucht werden kann.

Dabei geht Engagement oft über die sporadisch-spontane Kooperation Einzelner hinaus und verlangt nach einem strukturierten Zusammenhang mit den anderen Handlungsformen in der Gruppe. Um kooperatives Engagement möglich zu machen, braucht es daher vor allem Gelegenheitsstrukturen, also förderliche Rahmenbedingungen. »Dauerhafte Zusammenarbeit braucht einen Rahmen, eine Organisations- und Kooperationskultur, die für die Tätigkeiten der Einzelnen ›institutionelle Passungen‹, ermöglichende Bedingungen bereitstellt« (Deutscher Bundestag 2002: 39).

Einen strukturell verankerten Rahmen kann Engagement zum Beispiel durch die Einführung von Engagementrollen erhalten. Die Patenschaften der Älteren für die Kleinen gehen von einem Einzelengagement (eines älteren Kindes für ein jüngeres Kind) dann in einen kooperativen Zusammenhang über, wenn die Kindertageseinrichtung diese Patenschaften strukturell verankert.

> In einer Kita, die solches Engagement fördert, wurde ein »Patensystem« eingeführt: Wer von den älteren Kindern sich regelmäßi-

ger um einzelne Jüngere kümmern will, erhält das Patenamt und nimmt an der Patenrunde teil, in der überlegt wird, auf was man bei den Kleinen achten muss und welche Veränderungen in der Kita im Interesse der Kleinen nötig sind. In der Patenrunde werden die Patinnen und Paten anerkannt und unterstützt. Obwohl sie jeweils einzeln für ein jüngeres Kind zuständig sind, kooperieren sie doch untereinander und diese Kooperation ist wiederum in das System der gemeinschaftlichen Mitbestimmung der Kita integriert. Zwei Mitglieder der Patenrunde sind im Kinderparlament stimmberechtigt und bringen dort die Themen der Paten und der Kleinen ein. Aus der privaten Solidarität zwischen Einzelnen ist ein gemeinschaftliches öffentliches Engagement geworden.

... greift gesellschaftliche Anliegen auf und macht sich zu deren Anwalt

Wenn sich Menschen in einer Gesellschaft öffentlich und gemeinwohlbezogen engagieren, greifen sie damit gesellschaftliche Anliegen auf. Sie zeigen, dass es Bedürfnisse von Menschen gibt, die noch nicht erfüllt werden, sie weisen darauf hin, dass Gesellschaftsmitglieder bestimmte Unterstützung benötigen, sie kritisieren problematische Zustände und unzureichende Lösungen. Verbunden mit gesellschaftlichem Engagement sind auch häufig eine Kritik an Zuständen und eine Entwicklung von Innovationen. Die Mitglieder der Gesellschaft thematisieren mitverantwortlich eine unzureichende Gestaltung des Gemeinwohls und stellen durch eigenes Handeln aktiv Verbesserungen her.

All das kann auf Kindertageseinrichtungen übertragen werden. Gesellschaftliches Engagement greift auch hier Anliegen auf, die aus der »kleinen Gesellschaft« (»embryonic society«, Dewey) der Einrichtung heraus entstehen (wenn Kinder z. B. ein bestimmtes Spielzeug wünschen oder mehr Ausflüge fordern). Kinder werden hier als »Expertinnen und Experten

Mitentscheiden und Mithandeln sind Grundpfeiler der Demokratie

ihres Lebensalltags« verstanden. Sie sind Betroffene und bringen deshalb kompetent ihre Themen und Anliegen ein. Auch ihr Widerspruch, ihr Protest ist wichtig für die Entwicklung der Gemeinschaft (vgl. Deutscher Bundestag 2002: 40). Bei ihrem Engagement erkennen sie, was im kooperativen Zusammenhang aus ihrer Perspektive »nicht gut läuft« und was verändert, verbessert werden sollte. Engagement führt so auch zu neuen Initiativen und Verbesserungen.

> Welche Ämter es in der Kita geben soll und wie sie ausgeführt werden, legen nicht die Erwachsenen fest, sondern alle gemeinsam in den regelmäßigen Gruppenkonferenzen bzw. im Kinderrat. Weil demokratisches Engagement Mitentscheidung voraussetzt, haben sich die Fachkräfte entschieden, das Recht der Kinder, ein Amt ausführen und über die Art der Amtsführung mitentscheiden zu dürfen, in ihrer Kita-Verfassung festzuschreiben (zum Prinzip der Kita-Verfassung vgl. Hansen, Knauer und Sturzenhecker 2011).
>
> Bei der Diskussion erfinden die Kinder das Amt eines Postbotenhelfers. Die Kita nimmt die Post des benachbarten Wohnheims für Behinderte mit an und vor allem montags hat der Postbote immer sehr viele Briefe, die bislang die Fachkräfte in einem großen Korb hinüberbrachten. In der letzten Gruppensitzung haben sich zwei Fünfjährige darüber beschwert, dass sie am Montag nie Postbotenhelfer sein können, weil sie dann das Schulprojekt haben, an dem sie teilnehmen müssen. Sie wollen aber auch mal die Post ins Heim bringen. Den Erzieherinnen ist die Teilnahme der beiden Kinder am Schulprojekt wichtig, aber sie akzeptieren auch deren Wunsch nach Engagement. Gemeinsam überlegen sie, wie das Problem für alle zufriedenstellend gelöst werden kann. Schließlich schlagen die Kinder vor, mit dem Schulprojekt eine halbe Stunde eher zu beginnen, sodass noch vor dem Mittagessen die Post hinübergetragen werden kann. Diese Lösung wird erst einmal für einen Monat ausprobiert und soll dann wieder im Kinderrat besprochen werden.

Dabei interessieren sich schon Kinder auch für Anliegen aus der großen Gesellschaft. Gesellschaftliches Engagement in Kindertageseinrichtungen kann ebenso bedeuten, öffentliche Themen aus der Gesellschaft aufzugreifen (Tierschutz, Gestaltung von Spielplätzen, Energienutzung, Naturschutz etc.). Themen des Engagements können also auch außerhalb der Kindertageseinrichtung entstehen. Werden sie aufgenommen, erhalten die Kinder die Möglichkeit, sich kritisch auch für Verbesserungen außerhalb der Einrichtung einzusetzen.

> Aline ist empört. Sie war am Wochenende mit ihren Eltern im Tierheim. »Dort sind ganz viele traurige Hunde!«, erzählt sie. »Die haben niemanden, der mit ihnen spielt.« Die Kinder wollen mehr wissen. Was ist ein Tierheim? Warum sind die Hunde dort? Das Thema beschäftigt die Kinder über eine lange Zeit. Gemeinsam beschließen sie einen Besuch im Tierheim – der zu neuen Fragen führt. Auch wenn die großen Hunde vielen Kindern Angst machen, beschäftigt sie die Frage, wie man den Tieren helfen kann. Sie beschließen, auf dem Sommerfest mit einer Tierausstellung Geld für das Tierheim zu sammeln. In den folgenden Wochen fertigen sie Tierbilder: Sie malen oder fotografieren und basteln fantasievolle Rahmen. Diese werden auf dem Sommerfest ausgestellt und zugunsten des Tierheims versteigert. Einige Kinder übernehmen Patenschaften für einzelne Tiere.

... umfasst Mitentscheiden und Mithandeln

Gesellschaftliches Engagement wird zu einem demokratischen gesellschaftlichen Engagement, wenn die Mitglieder einer Gemeinschaft das Recht und die Möglichkeit haben, über die Gestaltung des Zusammenlebens mitzuentscheiden und sie aktiv handelnd mitherzustellen.

In einer Demokratie haben die Mitglieder, also die Bürgerinnen und Bürger, nicht nur das Recht mitzuentscheiden,

Mitentscheiden und Mithandeln gehören zusammen

sondern Demokratie besteht auch darin, dass getroffene Entscheidungen von den Beteiligten handelnd umgesetzt werden. Demokratie kann einerseits nur funktionieren, wenn die Bürgerinnen und Bürger sie durch ihr eigenes Mithandeln aktiv herstellen. Andererseits wäre Mithandeln ohne das Recht auf Mitentscheidung noch nicht demokratisch. Auch in einer Monarchie oder Diktatur würden Menschen sich etwa gegenseitig helfen, könnten aber die Rahmenbedingungen dieses Handelns und die gesellschaftlichen Verhältnisse insgesamt nicht mitbestimmen. Engagiertes Mithandeln und das Recht auf Mitentscheiden sind auch in Kindertageseinrichtungen die zwei Seiten der Medaille »gesellschaftliches Engagement«.

Zum Mitentscheiden und Mithandeln gehört, die gemeinsamen Entscheidungen und ihre gemeinschaftliche Umsetzung mitzuverantworten, indem man sich an die Entscheidungen gebunden fühlt und ihre Umsetzung mitträgt. Demokratisches gesellschaftliches Engagement ist durch folgenden Zusammenhang gekennzeichnet: Wer mitentscheidet, soll auch mitverantworten und mithandeln, und wer mitverantworten und mithandeln soll, benötigt das Recht auf Mitentscheidung. In der im Weiteren verwendeten Kurzformel von gesellschaftlichem Engagement als »Mitentscheiden und Mithandeln« ist also der Aspekt der Mitverantwortung immer enthalten.

Das vorliegende Konzept der Förderung gesellschaftlichen Engagements in Kitas geht davon aus, dass Kinder in der pädagogischen Gemeinschaft der Einrichtung eine »Gesellschaft im Kleinen« erleben, in der sie lernen können, als aktive Bürgerinnen und Bürger zu handeln. Dazu muss man ihnen die Möglichkeit geben, ihre Betroffenheit und ihre Engagementinteressen in gemeinsame Entscheidungen einzubringen und sie aktiv handelnd umzusetzen. Man muss Strukturen und methodische Unterstützung bereitstellen, die es ihnen ermöglichen, in angemessener Weise die Angelegenheiten der Gemeinschaft (zunächst in der Kindertageseinrichtung und dann in der Kommune) mitzubestimmen und durch engagiertes Handeln das Gemeinwohl mitzuerzeugen.

> Die Kinder haben in einer Zukunftswerkstatt ihr neues Außengelände mitgeplant. Begeistert haben sie ihre Ideen eingebracht, vorgestellt, miteinander argumentiert, Kompromisse gefunden und immer wieder gemeinsam Entscheidungen getroffen. Nun sind die Pläne beim Architekten, der die konkrete Umsetzung plant. Die Kinder sind gespannt: »Wann geht es endlich los?«, wollen sie wissen. Und: »Dürfen wir mitbauen?« Nur durch das Mithandeln (hier: bei der Realisierung des neuen Außengeländes) wird der Handlungsbogen des demokratischen Engagements komplett.

Zusammengefasst lässt sich gesellschaftliches Engagement in Kitas so beschreiben:

> Gesellschaftliches Engagement von Kindern in Kindertageseinrichtungen bedeutet, dass sie sich freiwillig an der Bewältigung von Aufgaben und Herausforderungen, die das Leben der Gemeinschaft betreffen, in der Öffentlichkeit der Gemeinschaft der Einrichtung und darüber hinaus, etwa in der Kommune, durch demokratisches Mitentscheiden und Mithandeln beteiligen.

Wie weit Kinder sich dort engagieren können, wird in Kapitel 2 dargestellt. Um bereits jetzt einen Eindruck davon zu vermitteln, dass gesellschaftliches Engagement in Kindertageseinrichtungen viel mehr sein kann als die individuelle Aufforderung zur Hilfe und die Einführung eines Ämtersystems, gibt es hier eine erste inhaltliche Annäherung an mögliche Themen. Dabei orientieren wir uns an den von der Enquete-Kommission in ihrem Bericht zum bürgerschaftlichen Engagement benannten sechs Engagementformen, die exemplarisch auf Kindertageseinrichtungen übertragen werden.

Laut Enquete-Kommission kann gesellschaftliches Engagement seinen Schwerpunkt in politischem oder sozialem Handeln haben, es kann in Vereinen stattfinden oder in öffentlichen Funktionen, es kann sich um Formen der Gegenseitigkeit oder um Selbsthilfe handeln (vgl. Enquete-Kommission 2002: 65 f.). Nicht alle Themen der folgenden Tabelle sind für

Zur Vielfalt von Engagement

Tabelle 1: Themen gesellschaftlichen Engagements

	In der Gesellschaft kann dies z. B. stattfinden ...	In der Kindertageseinrichtung kann dies z. B. stattfinden ...	Im Übergang zum Gemeinwesen kann dies z. B. stattfinden ...
politisches Engagement	– als Mitglied im Gemeinderat oder als Stadtverordnete – in der Kommunalpolitik – als Mitarbeit in Parteien, Verbänden oder Gewerkschaften – als Beteiligung in Bürgerinitiativen und sozialen Bewegungen – ...	– als Delegierte im Kinderrat – als Sprecherin einer Kindergruppe, um Interessen zu artikulieren – ...	– wenn Kinder der Gemeinde einen Protestbrief zu »kaputten« Spielplätzen schreiben – wenn Kinder ihr Projekt im örtlichen Sozialausschuss vorstellen – ...
soziales Engagement	– in Jugend- und Wohlfahrtsverbänden – in Kirchengemeinden und in öffentlichen Einrichtungen – in Gesundheitsinitiativen – in der spontanen Unterstützung Hilfsbedürftiger – ...	– als »Kindersanitäter« (Kühlkissen-Verwalter, Pflasterwart) – als »Mentorinnen und Mentoren« für neue Kinder – als »Frühstückstischchefin« ...	– wenn Kinder den Kindergottesdienst in einer Kirchengemeinde mitgestalten – wenn Kinder Spenden für das Tierheim sammeln – ...

	In der Gesellschaft kann dies z. B. stattfinden …	In der Kindertageseinrichtung kann dies z. B. stattfinden …	Im Übergang zum Gemeinwesen kann dies z. B. stattfinden …
Engagement in Vereinen	– als ehrenamtliche Trainerin im Sportverein – als Mitglied eines Freizeitchores – als Vorstand eines Heimat- oder Schachvereins – als Mitglied der Jugendgruppe im Kaninchenzuchtverein – …	– als Organisator einer Fußballgruppe – als Mitglied in der Kita-Karnevalsgruppe oder der Kita-Werkstatt – …	– wenn Kinder eine Fußballgruppe, in der auch Nachbarkinder mitspielen, mit organisieren – wenn Kinder über die Programmgestaltung des Kindersportvereins mit beraten – wenn Kinder für den Ornithologenverein die Patenschaft für Futterstellen übernehmen – …
Engagement in öffentlichen Funktionen	– als Schöffin – als ehrenamtliche Richterin – als Wahlhelfer – …	– als Streitschlichterin – als Verantwortliche für Tierpflege – als Energiedetektive – …	– wenn Kinder die Kita-Zeitung im Einkaufszentrum verkaufen – …
Formen der Gegenseitigkeit	– als Akteure in der Nachbarschaftshilfe – als Mitglied einer Genossenschaft – als Akteure in Tauschringen – …	– in der gegenseitigen Begleitung auf dem Heimweg – …	– in einer öffentlichen Kartentauschgruppe am Wochenende – …
Selbsthilfe	– in Gesundheitsselbsthilfegruppen – in Arbeitslosenselbsthilfegruppen – in Migrantenselbsthilfegruppen – …	– in gegenseitiger Unterstützung – als Tausch von Fertigkeiten auf einer »Könnerbörse« – …	– wenn Kinder sich um einen öffentlichen Spielplatz kümmern – …

alle Kinder geeignet. Zwischen den Fähigkeiten und Interessen von Ein- bis Dreijährigen, Drei- bis Sechsjährigen und Hortkindern liegt ein – individuell wiederum unterschiedliches – Kontinuum.

Das Konzept konkretisiert Chancen und Möglichkeiten der Förderung gesellschaftlichen Engagements in Kindertageseinrichtungen und darüber hinaus. Es basiert auf einer theoretischen Auseinandersetzung mit dem Thema sowie auf der Erprobung des Konzepts in verschiedenen Kitas Schleswig-Holsteins. Aufgrund der Erfahrungen aus diesen Modelleinrichtungen wurde das Konzept wiederum modifiziert. Viele Geschichten, die hier die theoretischen Überlegungen illustrieren, stammen aus den Modelleinrichtungen. Die Beispiele aus der Praxis sind allerdings nicht als »Rezept« zu verstehen, sondern sollen Prozesse veranschaulichen, die bei der Eröffnung von Engagementmöglichkeiten entstehen können.

Die Bedeutung gesellschaftlichen Engagements für die Bildungsförderung

In den letzten zehn Jahren hat sich die Förderung kindlicher Bildung zu einem Leitbegriff frühkindlicher Pädagogik entwickelt. Stark dazu beigetragen haben die fachlich-theoretische Entwicklung von Bildungskonzepten für Kindertageseinrichtungen (vgl. Laewen 2002; Schäfer 2003) sowie die – besonders durch die PISA-Ergebnisse angestoßene – gesamtgesellschaftliche Debatte um die Förderung von Bildung (vgl. Kultusministerkonferenz 2004).

Bildung als Aneignung der Welt durch das Kind

In den Konzepten frühkindlicher Pädagogik überwiegt ein konstruktivistischer und damit subjektorientierter Bildungsbegriff, der zunächst die Aneignungstätigkeit des Kindes selbst (Selbstbildung) und dessen Anregung und Begleitung in den Vordergrund stellt. Es geht weniger um die »Erzeugung« vorab definierter Kompetenzen von Kindern, sondern um die

»Ermöglichung« möglichst breiter individueller Bildungswege jedes Kindes.

Das bildungstheoretische Konzept, das vor allem in der Debatte um frühe Bildung wieder neu entdeckt wurde, schließt an Traditionen der Sozialpädagogik seit Pestalozzi und Montessori an. In der deutschen Debatte wird dabei immer wieder auf die Bildungskonzeption von Wilhelm von Humboldt (1767–1835) zurückgegriffen. Humboldt war ein Schulentwickler und Schulreformer zu Beginn des 19. Jahrhunderts in Preußen, der allerdings auch erkannte, dass die »spezielle Bildung«, also das zu einer zertifizierten Qualifikation führende Lernen in der Schule, nur einen Teilaspekt von Bildung umfasst. Dagegen entwickelte er den Begriff einer »allgemeinen Bildung«, mit der er die persönliche, eigenaktive Auseinandersetzung des Menschen mit der Welt meint, in der dieser sich als eigenständiges Individuum entfaltet und sich in eine möglichst selbstbestimmte Beziehung zur Welt und ihren Zwecken und Anforderungen setzt. Diese Bildungsprozesse beziehen sich immer auch auf die soziale Welt. Die Möglichkeit, sich in ihren Alltagszusammenhängen zu engagieren, eröffnet Kindern zahlreiche Chancen einer solchen allgemeinen Bildung.

Hartmut von Hentig hat den Bildungsbegriff Humboldts (eng an dessen Sprache) zusammengefasst: »Bildung sei die Anregung aller Kräfte eines Menschen, damit diese sich über die Aneignung der Welt in wechselseitiger Ver- und Beschränkung harmonisch und proportionierlich entfalten und zu einer sich selbst bestimmenden Individualität oder Persönlichkeit führen, die in ihrer Idealität und Einzigartigkeit die Menschheit bereichere« (Hentig 1996: 38).

Da diese Begriffsbestimmung viele Aspekte von Bildung enthält, die auch in aktuellen Konzepten bedeutsam sind, wird die Definition im Folgenden aufgeschlüsselt. Dabei werden erste Verbindungen zu gesellschaftlichem Engagement hergestellt und durch Beispiele aus der Kindertageseinrichtung konkretisiert:

Bildung sei ...
... die Anregung ...

Bildung kann keinem Menschen – und schon gar nicht Kindern – als Vorschrift von außen verordnet oder gar erzwungen werden. Die Welt enthält eine Fülle von Anregungen, aus der der Mensch die Inhalte seiner Selbstbildung auswählt und sie sich auf seine eigene Weise aneignet. Bildung geschieht immer freiwillig. Sie kann nicht *für* einen Menschen oder ein Kind hergestellt, vorbestimmt und durchstrukturiert werden. Dies hat schon Maria Montessori betont. Sigurd Hebenstreit fasst diesen Aspekt der Pädagogik Montessoris so zusammen: »Alle wirklich wichtigen Schritte muss jeder Mensch alleine tun: Niemand kann für einen anderen kauen und verdauen, niemand kann für einen anderen denken oder fühlen. Alles muss durch den eigenen Körper, den eigenen Kopf und das eigene Herz laufen« (Hebenstreit 1999: 57).

Erhalten Mädchen und Jungen in Kindertageseinrichtungen die Möglichkeit zu gesellschaftlichem Engagement, werden sie dazu angeregt, als Subjekt für die Gemeinschaft bedeutsam zu werden. Das Angebot gesellschaftlichen Engagements ist in diesem Sinne eine starke Anregung für kindliche Bildungsprozesse.

Wie durch die Eröffnung von Engagementmöglichkeiten Bildungsprozesse von Kindern angeregt werden können, zeigt das Beispiel des fünfjährigen Sergej, der in der Kita-Werkstatt aktiv ist:

> Sergej spricht noch nicht gut deutsch. Aber er liebt es, mit Hammer, Säge und Feile Holz zu bearbeiten. Das kann er für sein Alter schon sehr gut. Die Erzieherinnen haben ihn gefragt, ob er mit einigen anderen Kindern das Amt des »Werkstattchefs« ausüben will. Da er davon begeistert war, hat er mit den anderen Werkstattchefs einen kleinen Kurs absolviert, welche Regeln in

> der Werkstatt beachtet werden müssen und wie man mit Werkzeug umgeht. In seiner Funktion als Chef darf er den Werkraum allein nutzen und andere Kinder (höchstens zwei) im Umgang mit Hammer und Nägeln, Säge und Feile anleiten. Während er in der großen Kindergruppe sonst eher wenig spricht, gelingt es ihm in der Werkstatt leichter, sich mit den Kindern, mit denen er zusammenarbeitet, zu verständigen. Seine Rolle als Werkstattchef regt ihn zu Aktivitäten an, die ihm in der Gruppe sonst eher schwergefallen wären.

... aller Kräfte eines Menschen, ...

Bildung regt alle Kräfte eines Menschen an, weckt viele Potenziale und Kompetenzen eines Kindes. Bildung zielt nicht nur auf kognitive Fähigkeiten, sondern auf eine integrierte Entwicklung von emotionalen, kreativ-gestalterischen, körperlichen, sprachlichen und vielen anderen Fähigkeiten.

Genau dies wird durch die Möglichkeit zu gesellschaftlichem Engagement unterstützt. In besonderem Maße wird hierbei der Einsatz kognitiver Fähigkeiten und sozialer Kompetenzen gemeinsam herausgefordert und geübt. Deshalb bietet das Angebot, sich engagieren zu können, für Kinder hohe Lernanreize – und umgekehrt benachteiligt das Fehlen dieses Angebots die Kinder. Die Bildungspotenziale des gesellschaftlichen Engagements liegen darin, dass hier keine Beschränkung auf eine »theoretische« Vermittlung von Wissen (Kennen) stattfindet, sondern die Kinder stattdessen dazu herausgefordert werden, gemeinsame Probleme oder Aufgaben zusammen zu lösen und sich so konkrete Handlungsfähigkeit (Können) anzueignen.

> Wenn Kinder in den Werkraum möchten, fragen sie Sergej, ob er sie begleitet. Dann prüft er zunächst, ob alles am richtigen Platz liegt. Er kennt den Platz der verschiedenen Werkzeuge und weiß, welches Werkmaterial benötigt wird. Wenn er feststellt, dass nur noch wenige Nägel oder Schrauben da sind, sagt er der Erzieherin Bescheid. Mit den anderen Kindern versucht er zu besprechen, was sie in der Werkstatt machen wollen. Trotz seiner nach wie vor geringen Deutschkenntnisse gelingt es ihm gut, mit den Kindern zu klären, was sie bauen wollen und welche spezielle Hilfe sie brauchen.

... damit sich diese über die Aneignung der Welt ...

In ihren Bildungsprozessen eignen sich Kinder die Welt um sie herum an (die kulturelle und die natürliche Umwelt). Dies macht jedes Kind selbst – also selbsttätig. In dieser Tätigkeit verwandeln Kinder Äußeres oder Fremdes in Eigenes, indem sie aktiv damit umgehen. Dabei entwickeln sie über die persönliche Aneignung auch ihre eigene Persönlichkeit. Sich etwas anzueignen, bedeutet auch, sich selbst zu entwickeln.

Wenn das Kind einen Stein (natürliche Umwelt) aufhebt, eignet es sich die Qualitäten des Steins an (Gewicht, Oberfläche, Härte, Temperatur, Form etc.). Wenn es beginnt, mit dem Stein zu spielen, erfährt es mehr über den Gegenstand und erweitert gleichzeitig seine eigenen Handlungsmöglichkeiten: Mit einem Stein kann man etwas anderes machen als nur mit der Hand. Das Kind verbindet die Qualitäten des Steins mit den eigenen Handlungsmöglichkeiten und Kompetenzen: Was kann ich (Neues und Anderes) mit dem Stein tun? Wenn das Kind nun einen Hammer benutzt, verwendet es einen Teil der kulturellen Umwelt, der durch die Produktionsweisen und kulturellen Praxen einer Gesellschaft geformt ist, in der dieses Werkzeug hergestellt und verwendet wird. Benutzt es den Hammer, lernt es nicht nur dessen physikalische Qualitäten und Möglichkeiten kennen, sondern eignet sich auch die kulturell-gesellschaftlichen Handlungsweisen an, wie man einen Hammer zu welchen Zwecken benutzt. Es integriert sich aktiv in sinnvolle gesellschaftliche Handlungsweisen, tut das aber wieder auf eine ganz eigene Weise und verbindet die gesellschaftlich typischen Nutzungsweisen des Hammers mit der Entwicklung der eigenen Kompetenzen und der eigenen Person.

Damit wird deutlich, dass die anzueignende Welt immer schon eine sozial gestaltete und vorgefundene Welt ist. Die anderen, die Gesellschaft, sind Voraussetzung und »Material« der Bildung des Einzelnen. Sein Bildungsprozess geschieht mit den anderen und in Abhängigkeit von ihnen. Bildung vollzieht sich in Sozietäten (vgl. Sting und Sturzenhecker 2005; Stenger 2010), aber trotz dieser sozialen Eingebundenheit auf eigensinnige, individuelle Weise.

Auch im gesellschaftlichen Engagement in und für die Gemeinschaft Kindertageseinrichtung sammeln Kinder Erfahrungen und Kenntnisse über die Welt – besonders als soziale und kulturelle Umwelt – und über sich selbst. Sie eignen sich hier vielfältige Handlungsfähigkeiten an und entwickeln ihre Persönlichkeit.

> Als Werkstattchef lernt Sergej viel über die Welt – die Werkzeuge, das Werken, aber auch über soziale Zusammenhänge – und über sich in Bezug auf die (soziale) Welt (wer bin ich in dieser Gruppe?). Dass das Engagement auch ihn verändert, zeigt sich in seinem Umgang mit anderen Kindern – im Werkraum und zunehmend auch im Gruppenalltag. Stolz erzählt er seinem Vater beim Abholen (auf Russisch), was er dort getan hat. Er gewinnt Selbstvertrauen, fühlt sich mehr als gleichberechtigtes Mitglied der Kita-Gemeinschaft – was ihm wiederum weitere Aneignungschancen bietet.

... in wechselseitiger Ver- und Beschränkung harmonisch und proportionierlich ...

Die sich in Bildungsprozessen entwickelnden Kräfte sollen wechselseitig verschränkt, also miteinander verbunden sein und nicht einseitig entwickelt werden. Bei der Förderung von Bildungsprozessen sollten nicht einseitige Kompetenzen im Vordergrund stehen. Es geht nicht nur um rationale Fähigkeiten oder emotionale Kompetenzen, sondern immer um ein Ausbalancieren möglichst vielseitiger Aneignungsbereiche. Diese Verschränkung ist in doppelter Hinsicht mit Beschränkung verbunden.

Zum einen beschränkt sich das Kind bei der Aneignung der Welt freiwillig. Jedes Kind setzt sich bei der Auswahl eigener Bildungsinhalte Schwerpunkte. Es eignet sich nicht alles gleichermaßen an, sondern entwickelt seinen ganz eigenen Bildungskanon. Auch dies ist Fachkräften schon aus der Pädagogik Montessoris bekannt. Die Polarisation der Aufmerksamkeit eines Kindes richtet sich immer auf die Dinge, die ihm gerade entwicklungsgemäße Herausforderungen bieten. Besonders fasziniert sind Kinder dabei von Herausforderungen, die zwar zu bewältigen sind, aber leicht über dem Stand ihrer aktuellen Fähigkeiten liegen. Der sowjetische Entwicklungspsychologe Vygotskij nennt dies die »Zone der nächsten Entwicklung«, in der Angebote Kinder ganz besonders intensiv zu Bildungsprozessen herausfordern (vgl. Vygotskij [1925] 2002).

Zum anderen erfolgt eine Beschränkung von Bildung auch von außen – besonders durch benachteiligende Lebensverhältnisse. Kinder, die wenige Anregungen erfahren oder in belasteten Lebenssituationen leben, sind in ihrer Selbstentfaltung behindert. Alle Menschen – besonders Kinder – sind durch die vorgefundenen gesellschaftlichen Bedingungen und Begrenzungen gebunden: »Die Menschen machen ihre eigene Geschichte, aber sie machen sie nicht aus freien Stücken, nicht unter selbstgewählten, sondern unter vorgefundenen, gegebenen und überlieferten Umständen« (Marx [1852] 1977: 308).

Da diese Umstände allerdings ungleich verteilt sind, führen sie zu ungerechten Beschränkungen der Chancen der Entfaltung von Bildung. Es gilt gerade auch im Blick auf die Förderung gesellschaftlichen Engagements, breitere und bessere Bildungszugänge bzw. Engagementmöglichkeiten zu eröffnen.

Gesellschaftliches Engagement fördert in besonderer Weise unterschiedliche Fähigkeiten der Kinder, die in komplexen Handlungen miteinander *verschränkt* werden. Sie sind durch ihr Engagement auf vielen Ebenen gleichzeitig gefordert, sich weiterzuentwickeln (Engagementangebote liegen häufig in der Zone der nächsten Entwicklung).

Gleichzeitig erfahren viele Kinder eine Beschränkung ihrer Engagementmöglichkeiten. Zahlreiche Studien zeigen, dass die Zugangschancen zu gesellschaftlichem Engagement unterschiedlich verteilt sind. Junge Menschen aus höheren sozialen Schichten engagieren sich häufiger als jene aus den mittleren, insbesondere aber unteren sozialen Schichten (vgl. Braun 2007: 91 f.). Da sich aus den Erfahrungen gesellschaftlichen Engagements für die Einzelnen wiederum zahlreiche Bildungschancen ergeben, die das soziale und kulturelle Kapital vermehren, sind alle pädagogischen Einrichtungen – vor allem Kindertageseinrichtungen – gefordert, gesellschaftliches Engagement früh zu fördern.

> Seine Rolle als Werkstattchef ermöglicht Sergej die Aneignung ganz unterschiedlicher Fähigkeiten. Er verbessert seine sprachlichen Kompetenzen, wird immer geschickter im Umgang mit Werkzeug, entwickelt die Fähigkeit, jedes Kind unterschiedlich anzuleiten, und vieles mehr. In der Kindergruppe hält er sich zunächst jedoch noch immer zurück. Hier bleibt er in einer beobachtenden und stillen Rolle und übernimmt auch keine weiteren Aufgaben. Die Fachkräfte akzeptieren dies.

> Nach einem halben Jahr stellen die pädagogischen Fachkräfte bei Sergej auch außerhalb der Werkstatt ein zunehmendes Selbstvertrauen fest. Er ist im Gruppenalltag zwar nach wie vor zurückhaltender als im Werkraum, beteiligt sich aber immer öfter an gemeinsamen Aktivitäten und formuliert eigene Wünsche. Die Fachkräfte vermuten, dass die Engagementmöglichkeiten als Werkstattchef diese Entwicklung unterstützt haben.

... entfalten und zu einer sich selbst bestimmenden Individualität oder Persönlichkeit führen, die in ihrer Idealität und Einzigartigkeit die Menschheit bereichere.

Die Potenziale zur Selbstentfaltung der eigenen Kräfte sind in jedem Menschen vorhanden. In der Pädagogik wird dies die »Bildsamkeit« des Kindes genannt. Das Kind hat die Fähigkeit zur Selbstbildung und die Voraussetzungen, unterschiedlichste Fähigkeiten zu entwickeln. Dabei ist das pädagogische Ziel eine zunehmende Autonomie und Selbstbestimmung des Subjekts. Autonomie und Kompetenz wurden schon im Situationsansatz als Richtziele der pädagogischen Arbeit beschrieben (vgl. Arbeitsgruppe Vorschulerziehung 1973; Zimmer 2000; Preissing 2003). Die Entwicklung von Autonomie und Kompetenz ermöglicht dem Kind, eine eigenständige Persönlichkeit zu werden.

Autonomie, Kompetenz und Solidarität

Im Situationsansatz werden die Richtziele der Autonomie und Kompetenz durch ein drittes Richtziel ergänzt: Solidarität. Dieser Aspekt verweist darauf, dass Bildung immer auch in Sozietäten, also in sozialen Zusammenhängen erfolgt. Die Entwicklung der Individualität des Einzelnen meint hier nicht eine Abkoppelung von anderen oder eine egoistische Selbstdurchsetzung auf Kosten anderer. Die Entwicklung zunehmender Selbstständigkeit soll vielmehr begleitet werden von der Fähigkeit, Solidarität für seine soziale Umgebung zu empfinden und damit auch Verantwortung für das Gemeinwohl zu übernehmen. Selbstbestimmung wird nicht als völlige Unabhängigkeit von anderen verstanden. Weil jeder Mensch in seiner Entwicklung auf andere angewiesen ist, soll Selbstbestimmung in solidarischen Bezügen stattfinden, also, wie Humboldt sagt, »die Menschheit bereichern«. Solidarisch handelnd dient die Person dem eigenen und dem Gemeinwohl.

Gelegenheiten gesellschaftlichen Engagements fördern die Aneignung von Handlungskompetenzen und eröffnen damit zunehmende Autonomie. Durch den Bezug auf das Gemeinwohl fördert Engagement gleichzeitig immer auch Solidarität.

> Obwohl die sprachliche Verständigung mit Sergej zunächst schwierig war, wurde schnell deutlich, dass er sich sehr für handwerkliche Zusammenhänge interessiert. Die pädagogischen Fachkräfte gestalteten daraufhin immer wieder Situationen, in denen er seine praktischen Fähigkeiten zeigen konnte. Zwar waren sie aufgrund seiner Sprachprobleme zunächst skeptisch, ihn als Werkstattmeister allein mit anderen Kindern im Werkraum arbeiten zu lassen; schnell stellten sie aber fest, dass Sergej seinen eigenen Weg fand, mit den Kindern zu kommunizieren, und es ihm gerade die Verantwortungsrolle erleichterte, seine sprachlichen Fähigkeiten zu verbessern.
>
> Obwohl er nach wie vor zurückhaltend ist, hat Sergej in der Gemeinschaft der Kindertageseinrichtung mittlerweile eine wichtige Bedeutung. Die Kinder kennen ihn und suchen in handwerklichen Fragen immer wieder seine Unterstützung. Sein Handeln fördert jetzt solidarisch auch andere Kinder – sein Handeln dient dem Gemeinwohl. Sergej hat durch sein Engagement zahlreiche Kompetenzen erworben, mehr Autonomie erlangt und sich solidarisch in die Kindergemeinschaft eingebracht – Lernprozesse und Erfahrungen, die seine weitere Identitätsentwicklung sicher positiv beeinflussen werden.

In der Konkretisierung des Humboldt'schen Bildungskonzepts wurde deutlich, dass die Eröffnung gesellschaftlichen Engagements – als Möglichkeit zum Mitentscheiden und Mithandeln – schon Kindern in Kindertageseinrichtungen (hier beispielhaft Sergej) vielfältige Bildungsanlässe ermöglicht.

Wenn Bildung vor allem durch das einzelne Kind selbst aktiv hergestellt werden muss, verändert sich die pädagogische Aufgabe der Erwachsenen. Ein direktes »Belehren« von Kindern kommt insbesondere bei sehr jungen Kindern schnell an seine Grenzen. Einen Säugling Sprache »lehren« zu wollen, ein zweijähriges Kind in Naturwissenschaften oder in gesellschaftlichem Engagement »unterrichten« zu wollen, liegt außerhalb der Macht der Erwachsenen. Und doch eignen sich schon Säuglinge Sprachkompetenzen an und machen schon Zweijährige Erfahrungen mit naturwissenschaftlichen Phänomenen oder lernen, sich zu engagieren.

Bildung ist die Aktivität des Subjekts

Was für sehr kleine Kinder sofort plausibel erscheint, gilt grundsätzlich für alle Bildungsprozesse: Bildung ist die Aktivität des Subjekts und kann nur begrenzt lehrend hergestellt werden. »Es besteht keine Möglichkeit einer direkten Übertragung von Erfahrung/Wissen/Kompetenzen vom Erwachsenen auf Kinder. Zwischen der anzueignenden Kultur und dem Kind steht grundsätzlich eine Konstruktionsleistung des Kindes. Pädagogik muss deshalb auf die Vorstellung verzichten, Kindern (oder Erwachsenen) etwas beibringen zu können« (Laewen 1999: 14).

Die Fähigkeit, sich aktiv die Welt anzueignen, auf die es trifft, ist bereits ein Potenzial des Neugeborenen. Kinder gehen »– kaum dass die Nabelschnur durchgeschnitten ist – ihre eigenen Wege [...] Im tätigen Umgang mit der Welt machen sie sich ein Bild von ihr und streben hinsichtlich ihrer Bedürfnisse und Interessen mit all ihren Kräften nach Handlungsfähigkeit« (Laewen 2002: 53). In der aktiven Auseinandersetzung mit den vielfältigen Eindrücken, die auf sie einwirken, versuchen schon Neugeborene, Strukturen und Muster wiederzuerkennen. Sie »konstruieren« sich ihre Welt und modifizieren ihre Weltkonstruktionen mit jeder neuen Erfahrung.

In diesen Prozessen erarbeitet jedes Kind seine eigene individuelle Bildungsbiografie, an die lebenslang alle weiteren Bildungserfahrungen anschließen werden. Donata Elschenbroich fasst die Notwendigkeit, sich die Welt forschend zu erschließen, in dem Satz zusammen: »Jedes Kind muss die Welt ›neu erfinden‹« (Elschenbroich 2001: 48). Ähnliches betont auch die Philosophin Hannah Arendt: »Der Neubeginn, der mit jeder Geburt in die Welt kommt, kann sich in der Welt nur darum zur Geltung bringen, weil dem Neuankömmling die Fähigkeit zukommt, selbst einen neuen Anfang zu setzen, d. h. zu handeln« (Arendt [1960] 1981: 15 f.).

> Der eineinhalbjährige Jonas sitzt im Sandkasten. Mit einer kleinen Schaufel füllt er trockenen Sand in kleine Formen. Dann schüttet er diese wieder aus und beginnt von vorn. Er scheint besonders vom Rinnen des Sandes fasziniert zu sein. Mal hält er die Schaufel höher, mal tiefer. Dann hält er die andere Hand in den Sandstrahl. Er scheint hoch konzentriert. Er erforscht mit allen Sinnen und den Mitteln, die ihm zur Verfügung stehen, die Welt.

Das »Neu-Erfinden« der Welt gelingt Kindern aber nicht allein. Sie sind in diesem Prozess auf Erwachsene angewiesen, die ihnen Sicherheit geben, sie zur Entdeckung der Welt anregen und sie dabei begleiten. Diese Eigenheit des Bildungsprozesses stellt spezifische Anforderungen an die Förderung durch pädagogische Fachkräfte, die im deutschsprachigen Raum mit dem Begriffspaar der »Erziehung und Bildung« beschrieben werden. Dabei verweist der Begriff »Erziehung« auf die normativen Zielvorstellungen der Erwachsenen und auf die Frage: Welche Kompetenzen sollen sich Kinder aus unserer Sicht aneignen? Kinder sind auf Erziehung angewiesen – auf eine bejahende, unterstützende Bindung sowie auf Fürsorge und Ori-

Erziehung verweist auf die Perspektive der Erwachsenen

entierung durch Erwachsene – Siegfried Bernfeld hat dies mit dem Begriff »Erziehungstatsache« beschrieben. Erziehung kann aber nur gelingen, wenn sie durch Bildungsprozesse der Kinder beantwortet wird.

Bildung verweist auf die Perspektive des Kindes

Bildung dagegen verweist auf die Aneignungsprozesse des Kindes und wird besonders dann gefördert, wenn Erwachsene Kindern Bildungsräume eröffnen (und damit auch die »Bildungstatsache« anerkennen). Bildungsförderung meint damit Anregung und Begleitung kindlicher Aneignungstätigkeit. Aus der Perspektive der Bildungsförderung stellt sich nicht so sehr die Frage: »Was müssen wir dem Kind beibringen?«, sondern vielmehr: »Welche persönlichen Bildungsinhalte und Aneignungsweisen entwickelt das Kind und wie kann es dabei pädagogisch angeregt und begleitet werden?« Letzteres geschieht vor allem, wenn Kindern Autonomie zugestanden wird.

Bildung braucht Anregung und Begleitung

Bildungskonzepte, die Kinder als (Mit-)Konstrukteure ihrer Bildung verstehen, entwerfen auch ein neues Bild von den Erziehenden. Erwachsene sind nicht mehr die Wissenden, die unwissende Kinder etwas lehren. Erwachsene – besonders pädagogische Fachkräfte – werden vielmehr zu Gestaltern von Bildungswelten (für Individuen und ihre Sozietäten) sowie zu Anregern und Begleitern kindlicher Bildungsprozesse. In modernen Bildungskonzepten wird die pädagogische Beziehung als Koproduktion verstanden. Statt vorzubestimmen, was und wie das Kind lernen muss, fördert solch ein pädagogisches Selbstverständnis die Ermöglichung einer weitestgehenden Selbstbestimmung des Kindes und seines persönlichen Aneignungsprozesses – im sozialen Rahmen.

Pädagogische Fachkräfte, die Bildung ermöglichen wollen, beobachten die Prozesse der einzelnen Kinder, unterstützen sie dabei, interessante und vielleicht neue Themen zu erkennen und die eigenen Aneignungsweisen zu entfalten. Sie schaffen Rahmenbedingungen, die dies möglich machen, helfen bei Problemen und schützen vor Gefahren. Sie greifen das auf, was für die Kinder in ihren eigenen Bildungsprozessen wichtig wird, und konzentrieren sich nicht nur auf die Qualifikationen, die Erwachsene oder die Gesellschaft für wichtig halten und verlangen.

> »Hilf mir, es selbst zu tun.« Nach diesem Motto von Maria Montessori bemühen sich die Fachkräfte, die Krippenkinder in ihrer Selbsttätigkeit zu unterstützen. Sie beobachten die Kinder sorgfältig, machen ihnen Angebote und vergewissern sich, ob die Kinder die jeweiligen Herausforderungen alleine bewältigen können oder Unterstützung brauchen. Gerade in den alltäglichen Situationen des Wickelns und des Essens eröffnen sie den Kindern selbsttätiges Handeln. Immer wieder überlegen sie, wie es gelingen kann, dass jedes Kind Dinge selbst tun kann.
>
> Die einjährige Marleen möchte eine neue Windel. Sie versucht, selbst auf den Wickeltisch zu klettern. Die Erzieherin stellt einen Tritt vor den Wickeltisch und hilft ihr beim Hinaufklettern. Dann zieht sie Marleen aus. Als sie merkt, dass Marleen versucht, sich selbst die Socken auszuziehen, unterstützt sie ihre Selbsttätigkeit dadurch, dass sie die Socken über die Fersen zieht, damit Marleen sie dann selbst ausziehen kann.

Wie bei Säuglingen vor allem die alltäglichen Pflege- und Spielsituationen Bildungsanregungen geben, wird eindrucksvoll in dem Curriculum für respektvolle Pflege und Erziehung von Janet Gonzales-Mena und Dianne Widmeyer-Eyer (2008) beschrieben, das auf den pädagogischen Ansätzen von Emmi Pikler und Magda Gerber beruht.

Um etwas selbst machen zu können, brauchen Kinder die Unterstützung von Erwachsenen und die Möglichkeit, ihre eigenen Bildungswege zu gehen. An dieser Stelle treffen sich Bildungsförderung und gesellschaftliches Engagement (als das Recht auf Mitentscheiden und Mithandeln). Die Förderung gesellschaftlichen Engagements beginnt dort, wo die Bestrebungen des Kindes zur Selbstbestimmung der eigenen Bildung von den Erziehenden erkannt, positiv bestätigt und

Bildungsförderung braucht gesellschaftliches Engagement

bestärkt und in ihrer Umsetzung unterstützt werden. Wenn Kindern Selbst- und Mitentscheidungs- sowie Mithandlungsrechte eröffnet werden, fördert das ihre Bildungsprozesse in zweierlei Hinsicht. Zum einen ermöglicht es individuelle Bildungswege. Wenn Kinder sich entsprechend ihrem Entwicklungsstand mit ihren Themen beschäftigen können, werden sie dies intensiver und engagierter tun. Zum anderen eröffnet gesellschaftliches Engagement den Kindern viele weitere Bildungsthemen, weil es gilt, reale Aufgaben und Probleme in Ernstsituationen zu lösen. Bildungsförderung bedeutet also immer die Förderung von möglichst vielen Mitbestimmungs- und Mithandlungsmöglichkeiten.

Die Bildung eines Kindes geschieht in Kindertageseinrichtungen nicht isoliert, sondern in der »kleinen Gesellschaft« der Einrichtung. Die Umsetzung einzelner Bildungsinteressen betrifft auch andere. Einzelinteressen sind berechtigt und wichtig, aber ihre Realisierung muss mit anderen ausgehandelt, vielleicht verändert und abgestimmt werden. Die Selbstbildung der Individuen muss mit den gesamten (Bildungs-)Bedingungen in der Gemeinschaft vermittelt werden: Selbstbestimmung und Mitbestimmung müssen Hand in Hand gehen.

Bildungsorientierung in Kindertageseinrichtungen verlangt also nach Mitentscheidungsmöglichkeiten, nach einer möglichst weitgehenden, für die Kinder deutlich erfahrbaren gemeinschaftlichen Selbst- und Mitbestimmung. Und sie verlangt nach Mithandlungsmöglichkeiten: nach der Chance, in, mit und für die reale Gemeinschaft in der Einrichtung oder in der Kommune tätig sein zu können. Die Kinder müssen erkennen können, dass sie es sind, die die Bildungsthemen und -settings bestimmen – als Individuum und als Gruppe. Sie müssen die pädagogischen Fachkräfte als kooperative Partnerinnen ihrer Bildung erfahren und nicht als ausschließlich (Besser-)Wissende und (Vor-)Entscheidende. Die Orientierung an den Interessen der Kinder, ihre Beteiligung an allen sie betreffenden Angelegenheiten und die Eröffnung entsprechender Handlungsoptionen werden damit zum Schlüssel für Bildungsprozesse. Bildung verlangt gesellschaftliches Engagement und gesellschaftliches Engagement bildet.

> In der Kindertageseinrichtung gibt es ein »offenes Frühstück«. Zwischen neun und zehn Uhr steht den Kindern ein Frühstücksbuffet zur Verfügung. Hier kann sich jedes Kind selbst bedienen und entscheiden, was und wie viel es essen möchte. Darauf, was auf dem Frühstückswagen steht, haben die Kinder aber keinen Einfluss. »Immer dieses doofe Schwarzbrot«, mault der vierjährige Dennis schon seit einigen Tagen. »Ich möchte lieber Toastbrot. Das bekomme ich immer bei meiner Oma.« Diese Idee finden auch andere Kinder gut und bringen ihren Wunsch im Morgenkreis zur Sprache. Es folgt eine Diskussion darüber, welches Brot gut schmeckt und welches gesünder ist. Den pädagogischen Fachkräften ist einerseits ein gesundes Nahrungsangebot wichtig; andererseits wollen sie das Engagement der Kinder unterstützen. So entsteht gemeinsam die Idee, eine Brottestwoche zu machen.
>
> Jeden Tag gehen zwei Kinder mit einer Erzieherin zum Bäcker und kaufen für das Frühstück zwei verschiedene Brote, die sie dann bewerten wollen. Aus diesem Vorhaben entstehen neue Probleme. Wie soll man das Brot bewerten? Und wie merkt man sich, welches Brot man schon probiert hat? Die pädagogischen Fachkräfte unterstützen die Kinder bei der Problemlösung, indem sie das Gespräch moderieren. Sie bieten selbst keine Lösung an. Die Kinder kommen schließlich auf die Idee, Fotos vom Brot zu machen, die über dem Frühstückswagen hängen. Damit übertragen sie ein Verfahren, das sie schon aus anderen Zusammenhängen kennen. Wenn einem Kind ein Brot geschmeckt hat, klebt es einen grünen Punkt auf das entsprechende Foto. Wenn es ihm nicht geschmeckt hat, einen roten. Am Ende der Woche sind die grünen wie auch die roten Punkte breit gestreut. Nun überlegen die Kinder, wie sie damit umgehen.

Zum Zusammenhang von Demokratie und Kindertageseinrichtungen

Das Konzept »Die Kinderstube der Demokratie« (vgl. Hansen, Knauer und Sturzenhecker 2011) begründet, warum es in einer Demokratie notwendig ist, schon Kindertageseinrichtungen als demokratische Orte zu konzipieren, und es zeigt, wie dies durch eine systematische Konzeptionierung von Partizipation geschehen kann. Auch die Förderung demokratischen gesellschaftlichen Engagements braucht eine demokratische Gestaltung des pädagogischen Ortes Kindertageseinrichtung. Auf Basis des Konzepts »Die Kinderstube der Demokratie« wird im Folgenden der Frage nachgegangen, wie Demokratie als Herrschafts-, Gesellschafts- und Lebensform in Kindertageseinrichtungen gestaltet werden kann.

> »Macht ist bei uns eigentlich kein Thema – wir lieben doch unsere Kinder.« Solche oder ähnliche Antworten hören wir häufig, wenn sich Fachkräfteteams zum ersten Mal mit der Frage auseinandersetzen, wie die Machtverhältnisse in ihrer Einrichtung verteilt sind.

Auch wenn viele pädagogische Fachkräfte es zunächst nicht wahrhaben wollen – Macht gibt es in jeder pädagogischen Institution. Will man sie demokratisch gestalten, muss man die Machtverhältnisse reflektieren.

Pädagogische Beziehungen sind immer auch Machtbeziehungen

Pädagogische Beziehungen sind immer auch Machtbeziehungen. Und immer ist die Macht in diesen Beziehungen aufgrund der Erziehungsbedürftigkeit des Kindes zunächst ungleich verteilt. Zu den professionellen Kompetenzen pädagogischer Fachkräfte gehört es, die pädagogische Beziehung zwischen Kind und Erwachsenem auch vor dem Hintergrund der Machtverteilung zu reflektieren. Von jeher lautet eine der Kernfragen der Pädagogik: »Welche Konstellation zwischen ungleichen Partnern halten wir für angemessen?« (Kupffer 1980:19).

Gleichzeitig spiegeln pädagogische Einrichtungen immer auch politische Strukturen – ob die Fachkräfte dies wollen oder nicht. Kinder erfahren hier, wie Menschen in einer öffentlichen Gemeinschaft miteinander umgehen, wie sie hier ihre Interessen und Meinungen ausdrücken, wie Konflikte ausgehandelt und gelöst werden können. Damit sind pädagogische Einrichtungen – auch Kindertageseinrichtungen – immer auch Orte politischer Erziehung und Bildung, die sich im Idealfall als demokratische politische Bildung konzeptioniert. Sie können Kindern Möglichkeiten für demokratische Bildungsprozesse eröffnen. Wenn sie sich als demokratische Orte gestalten, ermöglichen sie Kindern die Aneignung demokratischer Kompetenzen: Wie formuliere ich meine Interessen? Was mache ich, wenn jemand anderes etwas anderes will? Wie kommen wir bei sich widerstreitenden Interessen zu einer für alle guten oder annehmbaren Lösung?

Kitas sind immer auch Orte politischer Bildung

Hier wird deutlich, dass Pädagogik in öffentlichen Institutionen es immer auch mit der Frage nach ihrer demokratischen Verfasstheit zu tun hat.

> Der Begriff »Demokratie« setzt sich zusammen aus dem altgriechischen Wort *demos* (= Volk) und dem Wort *kratia* (= Herrschaft). Demokratie bedeutet also Herrschaft des Volkes. In seiner berühmten Rede in Gettysburg definiert Abraham Lincoln 1863 Demokratie als die Regierung des Volkes durch das Volk und für das Volk (»government of the people, by the people, for the people«). Im Begriff des Regierens sind die Macht der Entscheidung und die Macht der Umsetzung von Entscheidungen miteinander verbunden: In der Demokratie soll beides durch das Volk, also durch die Bürgerinnen und Bürger selbst geschehen. Damit wird deutlich,

> dass dieses geteilte und gemeinschaftliche Herrschen nicht ohne Engagement des »Volkes«, also nicht ohne die aktive Beteiligung der Bürgerinnen und Bürger zu machen ist. Demokratie bedarf des gesellschaftlichen Engagements als Mitentscheiden und Mithandeln. Die gemeinsame Entscheidungsfindung aller Beteiligten einer Gemeinschaft oder Gesellschaft und die Umsetzung der gemeinsamen Entscheidungen werden in einer Demokratie durch strukturierte Verfahren, Gremien, Regeln und Rechte konkretisiert.

In dieser Begriffsdefinition wird deutlich, dass in einer Demokratie Mitentscheiden und Mithandeln zusammengehören. Im Folgenden geht es zunächst vor allem um die Perspektive des Mitentscheidens, da sie die Voraussetzung für ein demokratisches Mithandeln ist.

Demokratie braucht die strukturelle Verankerung von Partizipationsrechten

Aus demokratietheoretischer Sicht wird klar, dass eine demokratische Beteiligung der Kinder mehr ist als situatives Zuhören und punktuelles Beteiligen. Will man Kindertageseinrichtungen als demokratische Orte gestalten, gilt es, Kinderrechte nicht nur der »Gnade« der Erwachsenen zu überlassen, sondern diese strukturell zu verankern. Das bedeutet, dass es in den Einrichtungen für alle zu klären gilt, wer welche (Mit-)Entscheidungs- und (Mit-)Handlungsrechte hat und wie diese gemeinsam umgesetzt werden.

Indem geklärt wird, wer bei welchen Fragen wie (mit-)entscheiden und (mit-)handeln darf, können Kindertageseinrichtungen als »gelebte Demokratie im Kleinen« gestaltet werden. Bei diesem Vorhaben können demokratietheoretische Überlegungen hilfreich sein. Im Folgenden werden drei zentrale Aspekte von Demokratie näher erläutert und auf das pädagogische Setting Kindertageseinrichtung übertragen. Auch wenn eine Übertragung von Kategorien aus den Politikwissenschaften auf Kindertageseinrichtungen zunächst gewagt erscheint, kann dadurch der Blick für die Konzeptionierung von gesellschaftlichem Engagement als Mitentscheiden und Mithandeln geschärft werden.

Der deutsche Demokratiepädagoge Gerhard Himmelmann (2005) verweist in Bezug auf einen der Väter der Demokratiepädagogik, John Dewey, darauf, dass Demokratie nicht nur eine Herrschaftsform, sondern auch eine Gesellschaftsform und eine Lebensform ist. Diese Begriffe werden im Folgenden kurz beschrieben und es wird geprüft, ob und wie sich dieser Aspekt aus der großen Gesellschaft in der »kleinen Gesellschaft« Kindertageseinrichtung wiederfindet.

Bei der Demokratie als *Herrschaftsform* geht es zunächst um die Frage der Verteilung der (Entscheidungs-)Macht.

Demokratie als Herrschaftsform

Demokratie als Herrschaftsform

Das bedeutet in der »großen Gesellschaft«:

Demokratie als Herrschaftsform beinhaltet zunächst Volkssouveränität, das heißt, dass letztlich die Entscheidungsmacht beim Volk, bei allen Bürgerinnen und Bürgern liegt. In einer großen Gesellschaft und ihrem Staat muss diese Volksherrschaft organisiert werden und das geschieht in unserem Land durch Repräsentation und Parlamentarismus: Die Bürgerinnen und Bürger wählen ihre Vertreter (Repräsentanten) in Parlamente, die dann Entscheidungen fällen. Um keine einseitige Machtverteilung entstehen zu lassen, gibt es eine Machtkontrolle durch Gewaltenteilung: Entscheidungen, besonders in Form von Gesetzen, werden in Parlamenten gefällt (Legislative), sie werden durch eine Regierung umgesetzt (Exekutive) und diese beiden Ebenen werden durch Gerichte kontrolliert, die auch für die Entscheidung in Konfliktfällen in Bezug auf die Gesetze zuständig sind (Judikative).

Für die Entscheidungen auf allen Ebenen gilt das Mehrheitsprinzip, aber auch der Schutz von Minderheiten. Dieser Schutz erfolgt besonders durch die Geltung allgemeiner Menschen- und Bürgerrechte, die vom Rechtsstaat gewährleistet werden. Die Rechte der Bürgerinnen und Bürger bestehen aus zivilen Grundrechten (z. B. Meinungs- und Religionsfreiheit), den politischen Rechten (z. B. Recht auf aktive und passive Wahl, auf Bildung von politischen Vereinigungen) sowie den sozialen Sicherungsrechten (z. B. Unterstützung im Fall von sozialer Benachteiligung, Krankheit, Alter oder Not). Alle diese Rechte und Entscheidungsstrukturen sind in der Verfassung festgelegt.

Die Entscheidungs- und Mitwirkungsrechte können aber nur wirksam werden, wenn die Bürgerinnen und Bürger sich auch engagieren und ihre Rechte wahrnehmen. Bereits auf der Ebene der Herrschaftsform funktioniert Demokratie nur, wenn die Bürgerinnen und Bürger aktiv sind und nicht nur mitentscheiden, sondern auch mithandeln.

Das kann in der »kleinen Gesellschaft« Kindertageseinrichtung bedeuten:

Pädagogische Einrichtungen und auch Kindertageseinrichtungen sind kein Staat. In ihnen sind nicht alle Beteiligten (zumindest prinzipiell) gleichberechtigt und gleichermaßen mächtig, sondern diese Entscheidungsmacht ist ungleich verteilt. Schon aufgrund der Erziehungsnotwendigkeit liegt sie wesentlich mehr bei den verantwortlichen Erwachsenen als bei den Kindern. Und doch können Mitentscheidungsrechte auch hier strukturell gewährt werden, nämlich dann, wenn man klärt, welche demokratischen Mitentscheidungsrechte Kinder und Erwachsene gemeinsam haben sollen und welche Entscheidungen nur den Erziehenden zustehen.

Man kann in der Kindertageseinrichtung demokratische Gremienstrukturen und Entscheidungsverfahren einführen, in denen die in der pädagogischen Gemeinschaft beteiligten Kinder und Erwachsenen gemeinsame (aber auch begrenzte) Entscheidungsrechte haben. Solche Entscheidungsmacht kann von den Erwachsenen in bestimmten Settings und Situationen, etwa im Rahmen von Projekten, zugestanden werden (z. B. wenn die Kinder demokratisch mitentscheiden, wie ein Spielplatz gestaltet werden soll) oder sie können grundsätzlicher in der Verfassung einer Kindertageseinrichtung festgelegt werden. In einer von den Erziehenden (in Kooperation mit Träger

> und Eltern) entwickelten Verfassung wird dann geklärt, welche Rechte und Pflichten die einzelnen Gruppen in der demokratischen Gemeinschaft der Kita haben und welche Verfahren, Gremien und Regeln der demokratischen Entscheidungsfindung es gibt. Anders gesagt: Die Verfassung klärt, wer wann was wie mit wem und für wen entscheiden (oder auch nicht entscheiden) darf (vgl. Hansen, Knauer und Sturzenhecker 2011).
> Wenn die Teilnahme der Kinder an solchen Gremien und Entscheidungsprozessen als ein Recht (z. B. in einer Kita-Verfassung) festgeschrieben ist, können die Kinder dieses aktiv nutzen. Ihre Möglichkeiten zum Mitentscheiden und Mithandeln sind dann nicht von der situativen Gnade der Erziehenden abhängig. Das gilt auch, wenn ihre Mitentscheidungsmacht und ihre Mithandlungsmöglichkeiten auf bestimmte Fragen und Bereiche begrenzt sind.

Hinsichtlich einer demokratischen Herrschaftsform stehen Fachkräfteteams in Kindertageseinrichtungen vor der Frage: Wie sind Entscheidungsprozesse in unseren Einrichtungen geregelt? *Wer* entscheidet *wie* über *welche* Themen?

> »Wer ist denn hier der Bestimmer?« Diese Frage können die Kinder des Kinderhauses leicht beantworten. »Bei uns bestimmt der Hohe Rat. Da sind alle Schulis drin« (Schulis sind hier die Kinder, die im nächsten Jahr in die Schule kommen). Der vierjährige Jan ergänzt: »Aber die müssen uns vorher auch fragen, wenn es etwas Wichtiges ist.«

Bei der Demokratie als *Gesellschaftsform* steht die Frage nach der Organisation von Interessen und der Klärung von Konflikten der Bürgerinnen und Bürger untereinander im Vordergrund.

Demokratie als Gesellschaftsform

Demokratie als Gesellschaftsform

Das bedeutet in der »großen Gesellschaft«:

In einer demokratischen Gesellschaft wird nicht nur die Herrschaft demokratisch geregelt. Bürgerinnen und Bürger sollen auch ihre Verhältnisse in der Gesellschaft selbst demokratisch bestimmen. Dieses Konzept geht davon aus, dass nicht alles von den demokratisch gewählten Repräsentanten entschieden und geregelt werden soll, sondern dass die Bürgerinnen und Bürger selbst in vielen gesellschaftlichen Bereichen Mitentscheidungsmacht und Mitgestaltungs- bzw. Mitverantwortungspflichten nach den Prinzipien der Demokratie aktiv wahrnehmen. So wird ein System benötigt, wie Konflikte in und zwischen gesellschaftlichen Gruppen demokratisch bearbeitet werden (ohne immer und sofort den Staat einzuschalten). Ein gutes Beispiel dafür ist die Regelung der Konflikte zwischen Arbeitnehmern und Arbeitgebern durch Gewerkschaften und Tarifverhandlungen. Ebenfalls benötigt man eine demokratische Öffentlichkeit (durch Medien wie Presse, Radio, Fernsehen), in der die Gesellschaft Themen und Probleme aufgreifen und frei diskutieren kann.

Eine demokratische Gesellschaft zeichnet sich durch Pluralismus aus, also durch die verschiedensten Organisationen, Vereine und sozialen Bewegungen, die Interessen, Probleme und Themen ausdrücken, aufgreifen, diskutieren und in politische Forderungen umwandeln. Probleme zu behandeln und Entscheidungen zu finden, kann nicht allein an die demokratischen (Herrschafts-)Gremien abgegeben werden, sondern muss in einer solchen Öffentlichkeit möglichst breit mitdiskutiert und mitbearbeitet werden. Nur wenn die Demokratie in der Gesellschaft lebt, ist auch die Verbindung zwischen den Gesellschaftsmitgliedern und ihren selbst gewählten Entscheidungsgremien lebendig.

Diese Demokratieform ist auf das gesellschaftliche Engagement der Bürgerinnen und Bürger angewiesen. Die Demokratie benötigt aktive Bürgerinnen und Bürger im gesamten alltäglichen Leben der Gesellschaft, die dafür sorgen, dass auch an der Basis die demokratischen Prinzipien praktiziert werden und möglichst viele Menschen daran beteiligt sind, zur Entscheidung anstehende Themen zu bestimmen und Lösungsalternativen zu entwickeln.

Das kann in der »kleinen Gesellschaft« Kindertageseinrichtung bedeuten:

In der Kindertageseinrichtung als »kleine Gesellschaft« finden sich ebenfalls demokratische Gesellschaftsformen. So gibt es in den Einrichtungen die unterschiedlichsten Gruppen (Altersstufen, Geschlechter, Gruppen mit unterschiedlicher sozialer und ethnischer Herkunft, Interessengruppen ...), die ihr Zusammenleben gestalten müssen. Es gibt verschiedene Aufgaben und Rollen, die für das Funktionieren der Kita notwendig sind: pädagogische Fachkräfte, Leitung, Hausmeister/innen, Putzkräfte, Finanzverwalter, Praktikanten, Köchinnen/Köche etc. In dieser Vielfalt der Menschen, Interessen und Aufgaben gibt es viel zu klären, zu organisieren und auch Konflikte zu bearbeiten.

Wenn die Beteiligten ihre unterschiedlichen Interessen und Aufgaben möglichst gleichberechtigt diskutieren und entscheiden, entsteht auch für die Gesellschaftsform in der Kita Demokratie. Dazu nötig sind Verfahren und Gremien der gemeinsamen friedlichen Konfliktregelung, Möglichkeiten und Medien des öffentlichen Einbringens von Interessen und Positionen, Möglichkeiten der Selbstverwaltung und Selbstorganisation, zum Beispiel von Interessengruppen. Sind die Kinder gleichberechtigte Bürgerinnen und Bürger der Kita, gilt es, auch sie in diesen Verfahren zu beteiligen, ihnen Mitentscheidungs- und Mithandlungsrechte zuzugestehen.

Die »demokratische Gesellschaft« einer Kindertageseinrichtung setzt das zum Beispiel um, indem Verfahren eines einrichtungsöffentlichen Diskurses zwischen den Beteiligten entwickelt werden. So können die Kinder ihre Essenswünsche aufmalen und an eine Magnetwand hängen. Bei der Planung der Mahlzeiten schaut die Köchin regelmäßig auf diese Wand und bespricht ggf. offene Fragen mit den Kindern. Hier spricht man gleichberechtigt, es werden Ideen und Vorschläge eingebracht, Konflikte werden geschlichtet. Und das geschieht für die vielen Themen des Alltags, ohne immer schon Gremien wie den Kinderrat oder die Gruppenkonferenz einzuberufen.

Auf der Ebene der Gesellschaftsform in der Kita gibt es Möglichkeiten und Unterstützung, wie man öffentlich Interessen und Themen entdecken und einbringen kann (Fachkräfte, die helfen, eigene Interessen zu klären und sie den anderen vorzustellen, etwa mit Tafeln und Wandzeitungen zum Bemalen

> oder Beschreiben, ausgehängten Bildern und Fotos, Symbolen etc.). Es gehört auch dazu, dass einzelne Interessengruppen der Kinder Möglichkeiten und Unterstützung bekommen, sich selbst zu organisieren und ihre Interessen gemeinsam umzusetzen (Kartentauschgruppe, Barbieclub, Verwalter der Bobbycar-Ausgabe oder des Verkleidungsfundus, Gestaltungsgruppe des Kinderrestaurants, Ordnungsverantwortliche für den Werkraum usw.).
>
> Die Entdeckung und Beschreibung von Feldern und Inhalten gesellschaftlichen Engagements in der »kleinen Gesellschaft« der Kita wird weiter unten ausgeführt.

In Bezug auf eine demokratische Gesellschaftsform stehen Teams in Kindertageseinrichtungen vor der Frage: Wie eröffnen wir den Kindern Gelegenheitsstrukturen für die Selbstorganisation? Anlässe für solche Gesellschaftsformen gibt es vielfach im Kita-Alltag.

> Um die Kinder darin zu unterstützen, wahrzunehmen, welche Interessen es in der Gruppe gibt und wie diese miteinander ausgehandelt werden können, haben die Fachkräfte den Kindern den Begriff des Vereins nahegebracht. Die Kinder haben verstanden: In einem Verein treffen sich Menschen, die ähnliche Interessen haben und die das, was ihnen Spaß macht, zusammen machen. In der Folge steigt die Zahl der Kindervereine rapide. Es gibt einen Legobauverein, einen Piratenverein, einen Prinzessinnenverein, einen Kochverein und vieles mehr. Die Kinder basteln Vereinsausweise und manches Kind ist in bis zu sieben Vereinen Mitglied. In einigen Vereinen sind auch Erwachsene als Mitglieder zugelassen (z.B. im Kochverein, dem auch die Köchin angehört). Einige Vereine treffen sich über längere Zeit regelmäßig, andere verschwinden relativ schnell, weil die Interessen sich ändern.

Der Aspekt der Demokratie als *Lebensform* verweist schließlich auf den Zusammenhang von Alltagshandeln und Demokratie.

Demokratie als Lebensform

Demokratie als Lebensform

Das bedeutet in der »großen Gesellschaft«:

Demokratie als Lebensform verweist auf die Tatsache, dass Demokratie darauf angewiesen ist, dass auch die alltäglichen Umgangsweisen der Bürgerinnen und Bürger miteinander demokratisch gestaltet werden. In der zwischenmenschlichen Kommunikation gilt es ebenfalls, die Prinzipien eines demokratischen Umgangs und Dialoges miteinander zu berücksichtigen, das heißt, auf Gewalt zu verzichten und Fairness und Toleranz zu praktizieren. Demokratie als Lebensform verlangt von den Bürgerinnen und Bürgern, sich gegenseitig zu unterstützen, um ihre jeweilige Selbstverwirklichung solidarisch zu ermöglichen und zu gemeinsamen Zwecken zu kooperieren. Die Beteiligten sollen sich gegenseitig als gleichberechtigt anerkennen, auch wenn ihre Interessen und Meinungen unterschiedlich sind. Für die Einzelnen wird es so möglich, ihre Besonderheit und ihre Kompetenzen in die Gemeinschaft einzubringen und dafür auch Anerkennung zurückzuerhalten.

Gesellschaftliches Engagement bedeutet hier, dass die Bürgerinnen und Bürger diese Prinzipien aktiv praktizieren und sich für ihre Ausweitung einsetzen; es bedeutet, dass sie miteinander solidarisch sind und sich in ihren Belangen und Bedarfen auch gegenseitig unterstützen.

Das kann in der »kleinen Gesellschaft« Kindertageseinrichtung bedeuten:

Diese demokratischen Prinzipien einer gegenseitigen Anerkennung und eines möglichst gleichberechtigten Dialoges zwischen Kindern sowie zwischen Kindern und Erwachsenen werden in vielen Einrichtungen sicherlich ohnehin angestrebt. Ein kooperatives und gewaltfreies soziales Miteinander und soziales Lernen gehört in Kindertageseinrichtungen meist zur selbstverständlichen Erziehungspraxis.

> Ein solcher Umgang miteinander wird aber erst dann zur Basis von Demokratie, wenn die anderen Aspekte hinzukommen, die Kinder also Demokratie auch auf der Ebene von Gesellschaft und Herrschaft erleben können. Dann erfahren Kinder nicht nur eine soziale Praxis von Respekt, Toleranz und Kooperation, sondern erleben auch, dass sie Subjekte sind, die sich mit ihren Interessen und Positionen in die gemeinsame Gestaltung der Gemeinschaft einbringen können. Sie erfahren, dass ihre Ideen wichtig sind und dass sie selbstwirksam Einfluss nehmen können. Die Schlichtung von Konflikten bleibt dann nicht nur auf (die quasi private) Interaktion zwischen Einzelnen begrenzt, sondern tritt, wo nötig und sinnvoll, in Beziehung zu der (öffentlichen) demokratisch-gemeinschaftlichen Bestimmung von Regeln, die helfen, Konflikte zu bewältigen.
>
> Interessen und Probleme, die in Konflikten deutlich werden, können in die demokratischen Mitentscheidungsstrukturen eingebracht werden. Kinder erfahren sich dann nicht nur als Teilnehmende in einer freundlich dialogischen sozialen Gemeinschaft, sondern auch als entscheidungsberechtigte Mitglieder, also als Mitbürgerinnen und Mitbürger in einem demokratischen Gemeinwesen.

In Bezug auf eine demokratische Lebensform stehen Teams in Kindertageseinrichtungen vor der Frage: Wie gestalten wir einen respektvollen und achtsamen Dialog im Alltag?

> Der zweijährige Mirco möchte ein Bilderbuch vorgelesen bekommen. Er steht mit dem Buch vor der Erzieherin und sagt: »Lesen.« Die Erzieherin ist gerade damit beschäftigt, eine Liste der Eltern zusammenzustellen, die ihre Unterstützung für die Vorbereitung eines Ausflugs angeboten haben. Außerdem muss sie noch mit der Praktikantin über ihren Praxisbericht sprechen. Der Wunsch von Mirco nach Vorlesen passt ihr zum jetzigen Zeitpunkt gar nicht. Sie nimmt sich aber trotzdem Zeit, Mirco ihre Ablehnung zu begründen. Sie setzt sich kurz hin und sagt:

»Mirco, es ist schön, dass du so gerne liest. Ich finde das Buch auch gut. Leider kann ich jetzt aber gerade gar nicht vorlesen, weil ich noch zwei Sachen machen muss. Das dauert sicher bis zum Frühstück. Nach dem Frühstück lese ich dir gerne vor.«

Zum Zusammenhang von Zivilgesellschaft und gesellschaftlichem Engagement

Die frühe Förderung von Demokratie durch die Eröffnung demokratischen Engagements lässt sich auch in die Debatte um die Zivilgesellschaft einordnen. Mit Zivilgesellschaft ist gemeint, dass nicht nur die Herrschaftsweisen (also etwa die repräsentativ gewählten Parlamente und Regierungen) demokratisch gestaltet werden, sondern dass zu einer gelingenden Demokratie auch eine demokratische Selbstorganisation und Praxis von Bürgerinnen und Bürgern in der Öffentlichkeit der Gesellschaft gehört.

Unter Zivilgesellschaft »wird in der Regel ein gesellschaftlicher Raum, nämlich die plurale Gesamtheit der öffentlichen Assoziationen, Vereinigungen und Zusammenkünfte verstanden, die auf dem freiwilligen Zusammenhandeln der Bürger und Bürgerinnen beruhen. Vereine, Verbände und soziale Bewegungen sind dabei typische Organisationsformen. Diese Vereinigungen sind unabhängig von einem staatlichen Apparat und in der Regel auch unabhängig von wirtschaftlichen Profitinteressen, das heißt, idealtypisch bilden sie eine Sphäre aus, die nicht staatlich ist und nicht auf reinen Marktprinzipien beruht (...) Die Zivilgesellschaft ist auf die Einhaltung von Menschen- und Bürgerrechten ange-

> wiesen, also auf einen staatlichen Schutz der Meinungs-, Presse- und Vereinigungsfreiheit. In der Regel zählen außerdem bestimmte zivile Verhaltensstandards wie Toleranz, Verständigung, Gewaltfreiheit, aber auch Gemeinsinn zur Zivilgesellschaft« (Adloff 2005: 8).

Zivilgesellschaft braucht Engagement

Zivilgesellschaftlich engagieren sich Menschen, wenn sie sich mit anderen zusammenschließen (etwa in Form von Vereinen), bestehenden Zusammenschlüssen beitreten oder sich in solchen Organisationen oder ungebunden gemeinsam für Belange einsetzen, die nicht nur sie allein angehen. Ein wichtiges Charakteristikum der Zivilgesellschaft ist der Übergang vom Privaten ins Öffentliche: Bürgerinnen und Bürger, die sich zivilgesellschaftlich engagieren, teilen ihre Themen und Interessen mit anderen, sie schaffen einen freien, öffentlichen Zugang zu ihren Vereinigungen (diese sind nicht geheim oder geschlossen) und präsentieren ihre Anliegen und Positionen in der Öffentlichkeit (z. B. über Medien oder Veranstaltungen). Insbesondere die zahlreichen Vereine bieten Möglichkeiten zu gesellschaftlichem Engagement. Das Engagement im Sportverein oder in der Jugendgruppe des Kaninchenzüchtervereins, die Tätigkeit im Kirchenchor oder der Einsatz bei Greenpeace – Menschen, die sich hier engagieren, tun dies immer für ihre eigenen Interessen und für die Interessen anderer.

Neben Organisationen und Vereinen gehört zur Zivilgesellschaft auch ein ungebundenes Engagement, sofern es sich ebenfalls durch Freiwilligkeit, Öffentlichkeit und Gemeinschaftlichkeit auszeichnet sowie mehr als nur die Verfolgung privater Interessen beinhaltet. Dazu gehören beispielsweise Demonstrationen, Streiks, Petitionen und Boykottmaßnahmen (vgl. Pollak 2004: 27). Man könnte sagen: Zivilgesellschaft beinhaltet all das, bei dem sich Bürgerinnen und Bürger nicht nur für ihre individuellen Interessen in ihrem privaten Umfeld (etwa der Familie) einsetzen, sondern ihr Engagement das Private überschreitet und Bezug zur Gesellschaft hergestellt wird.

Im pädagogischen Raum sind Elterninitiativen ein Beispiel für zivilgesellschaftliches Engagement: Menschen, die sich für selbst organisierte und selbst bestimmte, aber doch auch staatlich unterstützte und öffentlich anerkannte Kindertageseinrichtungen einsetzen. Die Mütter und Väter in diesen Initiativen haben ein gemeinsames Interesse (eine gute Kinderbetreuung nach ihren pädagogischen Vorstellungen), sie schließen sich zusammen und präsentieren ihr Anliegen in der Öffentlichkeit. Sie engagieren sich durch freiwillige und nicht gewinnorientierte Arbeit für ihre Idee oder ihre Einrichtung: Sie schreiben Finanzierungsanträge, machen Pressearbeit, entwickeln pädagogische Konzepte, bauen Räume um, kochen Essen, stellen Personal ein, beteiligen sich selbst an der Betreuung etc.

Damit tun sie aber nicht nur etwas für ihre eigenen Kinder, sondern sie beeinflussen auch den gesamten gesellschaftlichen und staatlichen Umgang mit Kinderbetreuung: So zeigen sie den Mangel an Kinderbetreuungsplätzen auf, diskutieren neue pädagogische Konzepte, kämpfen für gerechtere Finanzierungsmodelle. Sie tun nicht nur etwas für sich, sondern übernehmen auch Verantwortung für andere. Die engagierten Eltern geben die Aufgabe nicht einfach nur an den Staat ab (und nehmen dann passiv dessen Entscheidungen hin), sondern sie sorgen dafür, dass das Thema über ihre persönlichen Interessenlagen hinaus diskutiert wird und neue Lösungsmöglichkeiten entwickelt werden.

Solche Interessenverbünde, wie sie sich etwa in Vereinen und Organisationen ausdrücken, schaffen vor allem auf der Ebene der Demokratie als Gesellschaftsform ein Vermittlungsfeld zwischen der demokratischen Herrschaftsorganisation des Staates und den Bürgerinnen und Bürgern an der Basis. Sie helfen, die Demokratie in der Gesellschaft zu verankern, sie lebendig zu praktizieren. Sie ermöglichen, dass Interessen und Probleme der Bürgerinnen und Bürger öffentlich erkennbar werden und gemeinschaftlich angegangen werden können. Sie schaffen die Möglichkeit, in der Gesellschaft Themen und Problemstellungen breit zu diskutieren und mögliche Lösungen zu finden und zu prüfen. Sie schaffen konkrete Beteiligungsmöglichkeiten für Bürgerinnen und Bürger vor Ort und ermöglichen ihnen, sich so in das demokratische Gemeinwesen und in die Gesellschaft aktiv zu integrieren. Indem sie ihre Interessen demokratisch einbringen, betreiben und beleben sie wiederum die Demokratie.

Dies gilt auch für das Beispiel der Elterninitiativen für selbst organisierte Kindertageseinrichtungen. Das Engagement solcher Vereine und Initiativen ist freiwillig und gemeinwohlorientiert, verfolgt einen Eigensinn, dient auch der Realisierung eigener Interessen, findet im öffentlichen Raum statt, wird in der Regel gemeinschaftlich ausgeübt, ist nicht auf materiellen Gewinn ausgerichtet, greift gesellschaftliche Anliegen auf, macht sich zu deren Anwalt und umfasst demokratisches Mitentscheiden und Mithandeln.

> **Exkurs: Es ist nicht alles Gold, was glänzt – oder: die Schattenseiten der Zivilgesellschaft**
> Was sich schön anhört (gesellschaftliches Engagement eröffnet Chancen), funktioniert in der Praxis nicht ohne Probleme. Roland Roth nennt das die »dunkle Seite« der Zivilgesellschaft (vgl. Roth 2004, 2008). Einige Aspekte werden hier skizziert.
>
> Pädagogisch sind vor allem die Potenziale gesellschaftlichen Engagements in Bezug auf die Ausweitung *sozialen Kapitals* und *kulturellen Kapitals* (Pierre Bourdieu) von Bedeutung. Soziales Kapital meint die Beziehungsnetzwerke zwischen Personen und die daraus erwachsenden Ressourcen und Möglichkeiten, sich zu kennen, sich Anerkennung zu vermitteln, sich gegenseitig zu unterstützen und zu helfen. Kulturelles Kapital

meint die Möglichkeiten, sich kulturelle Fähigkeiten anzueignen. Kulturelles Kapital wird vor allem in der Familie erworben.

Gesellschaftliches Engagement kann soziales und kulturelles Kapital erhöhen (vgl. u.a. Sliwka 2008). Es kann Menschen helfen, sich in Netzwerke zu integrieren, miteinander und füreinander etwas zu tun. Aktuelle Untersuchungen zeigen, wie gut gesellschaftliches Engagement geeignet ist, sich Kompetenzen anzueignen (vgl. u.a. Düx et al. 2008).

Gleichzeitig aber sind soziales und kulturelles Kapital Voraussetzungen für gesellschaftliches Engagement (vgl. Braun 2007: 91). Damit erklärt sich unter anderem, dass sich in Deutschland zwar sehr viele Menschen engagieren, aber nicht alle gesellschaftlichen Gruppen gleichermaßen vertreten sind: »Unter den Engagierten sind Höhergebildete, Vollzeitbeschäftigte und Männer mittleren Alters überrepräsentiert, während sich Geringerqualifizierte, Arbeitslose und Jugendliche unterdurchschnittlich häufig engagieren. (...) [Es] sind (...) Merkmale wie materielle Sicherheit, gesellschaftliche Integration oder soziale Anerkennung, die die Wahrscheinlichkeit bürgerschaftlichen Engagements erhöhen« (Pollak 2004: 35).

Man könnte also folgern: Arme, Randständige bzw. Ausgeschlossene und Menschen mit geringerer sozialer Anerkennung haben (oder sehen) weniger Möglichkeiten, sich gesellschaftlich zu engagieren und entsprechend davon zu profitieren. Die Chancen, die Potenziale gesellschaftlichen Engagements zu nutzen, sind unterschiedlich verteilt.

Die Organisationen und Vereine der Zivilgesellschaft haben zwar ein enormes demokratisches Potenzial, aber de facto geht es bei ihnen nicht immer ganz demokratisch zu. Innerhalb solcher Vereinigungen kann es zum Beispiel Intrigen und Vereinsmeierei geben. Zudem finden sich in solchen Organisationen vor allem Menschen, die das Gefühl haben, zueinander zu passen, die aus einem ähnlichen gesellschaftlichen Milieu und kulturellen Hintergrund stammen. Dadurch werden – oft sogar gegen den ausdrücklichen Wunsch der Mitglieder – Menschen ausgeschlossen, die nicht dazu passen. Öffentlichkeit und öffentlicher Zugang sind dann nicht mehr gänzlich gewahrt: Den Beteiligten kommt das soziale Kapital zugute, den Nichtbeteiligten wird es vorenthalten.

Zur Förderung der Zivilgesellschaft stellt sich die Frage, inwieweit sich Vereinigungen abschotten und ihr soziales Kapital nur für *ihre Bindung nach innen nutzen* (»Bonding«) oder ob sie sich eine Kultur des Engagements geben, die offen ist für andere und *Brücken zu anderen Netzwerken und Personen bauen* kann (»Bridging«) (vgl. Putnam 2000; Kern 2004).

Ein weiteres Problem für die demokratische Zivilgesellschaft kann darin bestehen, dass sich Vereinigungen im Wesentlichen um ihre eigene Netzwerkkultur kümmern und sich wenig oder gar nicht öffentlich bzw. politisch einmischen. In diesem Fall besteht das Risiko, dass sie keine demokratische Mitverantwortung für die Gestaltung des Gemeinwohls realisieren, sondern nur Partikularinteressen (also Interessen einzelner Gruppierungen) – unter Umständen sogar gegen andere – durchsetzen. Damit würde demokratisches gesellschaftliches Engagement in sein Gegenteil verkehrt und die Basis einer demokratischen Gestaltung von Gesellschaft gefährdet.

Dennoch ist die Zivilgesellschaft auch »ein Raum sozialer Kämpfe zwischen den ungleich ausgestatteten gesellschaftlichen Gruppen und Gesellschaftsmitgliedern« (Kessl 2006: 160). Das heißt, zivilgesellschaftliche Organisationen kämpfen auch für spezifische Interessen und bestimmte politische Positionen – manche haben dabei mehr, andere weniger Einflussmacht. Ein Kampf um Interessen aber darf Demokratinnen und Demokraten nicht erschrecken, solange die Chancen, sich einzubringen, gerecht verteilt sind und *alle* Interessen in den gemeinsam zu führenden Streit um ihre Realisierung eingebracht werden können.

Seit Längerem gibt es Anzeichen dafür, dass Staaten und bestimmte Interessengruppen versuchen, gesellschaftliches Engagement zu funktionalisieren. Die Bereitschaft der Bürgerinnen und Bürger, sich um ihre und die gemeinschaftlichen Angelegenheiten und Aufgaben zu kümmern und sich zu engagieren, wird dabei umgemünzt in die Anforderung, diese Aufgaben gleich freiwillig und unbezahlt selbst zu übernehmen. Wenn etwa freiwillige Helferinnen sich in der Krankenpflege einsetzen, sparen Krankenhäuser und das Gesundheitssystem des Staates. Kampagnen, die solche »uneigennützige Hilfe« propagieren, wollen die Engagierten mit ein wenig Anerkennung abspeisen (über Urkunden, Dankesfeiern und Zeitungsartikel). Eine solche Politik nimmt den engagierten Bürgerinnen und Bürgern aber nicht nur das Potenzial, ihr Engagementfeld demokratisch mitzubestimmen, sondern auch die Möglichkeit, sich zu ihren Themen etwa mit Forderungen und Positionen öffentlich einzumischen.

Gesellschaftliches Engagement muss immer demokratisch sein

Gesellschaftliches Engagement ist also nicht von sich aus schon demokratisch. Engagieren kann man sich auch für nicht demokratische Ziele wie die Ausgrenzung von Migranten, Menschen mit Behinderungen etc. Das Erstarken rechtsextremer Orientierungen in Deutschland ist durchaus verbunden mit einem Engagement, das jedoch antidemokratisch und ausgrenzend ist (etwa der Versuch, arische Kinderbetreuungsgruppen zu gründen). Daher muss in einer Demokratie gesellschaftliches Engagement immer als *demokratisches* gesellschaftliches Engagement verstanden und gestaltet werden. Es muss immer an die für alle geltenden Rechte auf Mitentscheidung und an die Geltung der allgemeinen Menschenrechte gekoppelt werden. Das verlangt auch, auf dieser Basis möglich zu machen, dass die unterschiedlichsten Menschen und Gruppierungen ihre noch so differenten Interessen gleichberechtigt in die Zivilgesellschaft einbringen können.

Das Recht auf Engagement sollte für alle eröffnet werden

Eine frühe Förderung demokratischen gesellschaftlichen Engagements in pädagogischen Regeleinrichtungen kann dazu beitragen, solche Fehlentwicklungen der Zivilgesellschaft zu vermeiden oder an ihrer Behebung mitzuarbeiten (vgl. Olk 2008). In pädagogischen Regeleinrichtungen, sei es die Kindertageseinrichtung oder die (Grund-)Schule, treffen sich Kinder aus unterschiedlichsten gesellschaftlichen Schichten und Gruppen. Hier haben sie auf lokaler Ebene die Chance, sich in heterogenen Gruppen miteinander zu engagieren und damit Brücken zwischen sozialen Milieus zu bauen.

Wenn Jungen und Mädchen schon in Kindertageseinrichtungen Engagement in Verbindung mit demokratischer Mitentscheidung einüben können, kann dies dazu beitragen, dass sich nicht nur Privilegierte in die Demokratie einbringen. Wenn Kinder sich in der Einrichtung aneignen, wie man unterschiedlichste Beteiligte in gemeinsame Entscheidungen und in gemeinsames Handeln einbezieht und sich nicht untereinander abschottet, erwerben sie auch Kompetenzen, Brücken bauende soziale Netzwerke herzustellen (Bridging). Wenn sie eine faire demokratische Auseinandersetzung und

Teilung von Macht kennenlernen und insgesamt die demokratische Führung von Konflikten üben, kann sie das später unterstützen, sich in der Demokratie kompetent und fair einzumischen.

Das hebt die gesellschaftlichen Machtverhältnisse und Ungerechtigkeiten nicht auf – Pädagogik kann nicht die Probleme der Gesellschaft lösen –, doch zumindest für den Bereich der Kindertageseinrichtungen können konstruktive Grunderfahrungen ermöglicht werden, die einen kleinen Beitrag zu mehr Gerechtigkeit und Demokratie leisten. Gesellschaftliches Engagement verweist damit besonders auf das Ziel von Solidarität – im Situationsansatz neben Autonomie und Kompetenz das dritte Richtziel.

Warum gesellschaftliches Engagement Mitentscheiden und Mithandeln beinhaltet

Demokratie ist zum einen darauf angewiesen, dass es demokratisch geregelte und transparente Mitentscheidungsrechte gibt; zum anderen braucht Demokratie das Engagement ihrer Bürgerinnen und Bürger. Das Recht auf Mitentscheidung ist in einer Demokratie also immer angewiesen auf die Bereitschaft zum Mithandeln und damit letztlich zur (Mit-)Verantwortungsübernahme (vgl. Roth 2007; Klein, Olk und Hartnuß 2010). Eine Demokratie braucht Menschen, die wählen, und Menschen, die sich in Ämter und Gremien wählen lassen. Sie braucht Menschen, die sich in Parteien, Interessenverbänden, Vereinen und sozialen Bewegungen organisieren und sich für ihre und allgemeine Belange einsetzen. Sie braucht Menschen, die dafür sorgen, dass Interessen und Problemstellungen öffentlich diskutiert werden, Menschen, die Problemstellungen und Aufgaben selbstständig und kooperativ angehen, Menschen, die sich solidarisch unterstützen, die sich gegenseitig und Bedürftigen helfen.

Demokratie ist ohne gesellschaftliches Engagement nicht zu haben

Demokratie ist ohne gesellschaftliches Engagement nicht zu haben. Eine Demokratie, in der Menschen nur ihre Vertreter in Entscheidungsgremien wählen, ihnen dann alles überlassen und die Umsetzung von Entscheidungen nicht praktisch mittragen, kann auf Dauer nicht funktionieren. Wer mitentscheidet, muss auch mithandeln, das heißt die Entscheidungen in die Praxis umsetzen. Im gesellschaftlichen Engagement kommen demokratische Mitentscheidung und gemeinsames Handeln zusammen. Demokratische Bürgerinnen und Bürger sind mitverantwortlich für die Gestaltung des Gemeinwohls. Sie müssen diskutieren und entscheiden, was als nützlich für alle gelten soll (und nicht nur für einige wenige), und sie müssen das Nützliche auch praktisch in die Tat umsetzen.

Mitverantwortung bedeutet auch, dass die Beteiligten die demokratisch entschiedenen Regeln und Lösungen für sich als verbindlich akzeptieren (zumindest so lange, bis sie in gemeinsamen Entscheidungsprozessen wieder geändert werden). Daraus folgt, dass die Bürgerinnen und Bürger auch die Folgen ihrer Entscheidungen mitverantwortlich tragen müssen. Das können Kinder schon in Kindertageseinrichtungen lernen. Demokratieorientierung in Kitas bedeutet, den Kindern Mitentscheidungsrechte zu eröffnen und ihnen Mithandlungsrechte und damit letztlich auch Mitverantwortung zuzugestehen.

Mitentscheiden und mithandeln zu dürfen, liegt durchaus im Interesse von Kindern. Sie sind stolz darauf, wenn sie für sich selbst und für andere verantwortlich handeln dürfen. Sie brauchen für ihre demokratischen Bildungsprozesse Gelegenheitsstrukturen, die es ihnen ermöglichen, Verantwortung zu übernehmen. Sie wachsen an den Herausforderungen, die damit verbunden sind. Die Gemeinschaft der Tageseinrichtung bietet Kindern gerade in der Bewältigung realer Alltagsprobleme hervorragende Chancen für solches Engagement.

Von der Familie in die Kita

Wenn die Kinder zum ersten Mal in die Kita kommen, verlassen sie für einen Teil des Tages den vertrauten und privaten Raum der Familie und werden zum ersten Mal Mitglieder in einer öffentlichen Einrichtung. Auch wenn Kindertageseinrichtungen für die Kleinen bald vertraut und vielleicht subjektiv eine Art zweites Zuhause auf Zeit werden, unterscheiden sie sich doch vom privaten Raum Familie. Kindertageseinrichtungen sind von Staat und Kommune organisierte pädagogische Institutionen der öffentlichen Erziehung. Sie sind eingebunden in gesetzliche und finanzielle Regelungen, die durch demokratische Entscheidungen in Land, Kommune und beim Träger zustande kommen und umgesetzt werden.

Dass die Kinder sich in einem öffentlichen Raum bewegen, wird für sie selbst vor allem dadurch deutlich, dass sie hier auf viele nicht verwandtschaftlich verbundene Kinder aus Familien mit unterschiedlichstem sozialem und kulturellem Hintergrund treffen. Auch die erwachsenen Fachkräfte sind ihnen zunächst nur durch ihre professionelle Aufgabe und nicht persönlich verbunden. Die Einrichtung spiegelt für die Kinder konkret erfahrbar eine »Gesellschaft im Kleinen«: Hier kommen die unterschiedlichsten Menschen zusammen und leben für einen Teil des Tages miteinander. Es gibt verschiedene Bedürfnisse, die gemeinsam erfüllt werden müssen. Es gibt dafür nötige Aufgaben und Rollen, die geregelt, und verschiedene Interessen, die koordiniert werden müssen. Es gibt Machtverhältnisse und Aushandlungs- bzw. Durchsetzungsprozesse.

Die Kita als öffentlicher Raum

Kindertageseinrichtungen bieten Kindern eine Gemeinschaft auf Zeit. Gemeinschaften sind Gruppen, in denen Menschen aufeinander bezogen handeln, die gemeinsam an der Erfüllung ihrer Bedürfnisse arbeiten und die von anderen Gruppierungen nicht nur sozial, sondern auch räumlich abgegrenzt sind. Weil dadurch Gefühle der Bindung und Verantwortung füreinander entstehen, entwickelt sich bei den Einzelnen ein Gefühl von Zugehörigkeit und Identität mit der Gemeinschaft. Dabei meint Gemeinschaft nicht, dass immer alle harmonisch miteinander handeln: Die Gemeinschaft bildet keine durchgängige Einheit und Geschlossenheit. Im Gegenteil: Gerade die gegenseitige Anerkennung von Unterschiedlichkeit, das gemeinsame Austragen von Konflikten und die Offenheit gegenüber anderen gehören zu einer solchen Gemeinschaft, wenn sie als demokratisch verstanden wird. Dieser Begriff hat damit Parallelen zu dem der Kommune, der (Orts-)Gemeinde oder des Gemeinwesens.

Gemeinschaft muss täglich hergestellt werden

In Kindertageseinrichtungen wird täglich Gemeinschaft hergestellt. Ohne diese Leistung könnten sie ihren pädagogischen Auftrag nicht erfüllen. Das Gefühl von Zugehörigkeit und Vertrauen sind Voraussetzungen für jede pädagogische Arbeit – besonders für die mit sehr kleinen Kindern. Nur auf der Basis von Bindung und Zugehörigkeit werden Bildung und Erziehung überhaupt möglich. Gemeinschaft kann sich aber paternalistisch oder demokratisch gestalten. Gemeinschaft entsteht durchaus auch dort, wo Erwachsene liebevoll und bestimmt das Beste für die Kinder wollen und ihnen möglichst wenig Mitentscheidungs- und Mithandlungsrechte zugestehen. In einer Demokratie haben Kindertageseinrichtungen aber (wie alle pädagogischen Einrichtungen) die Aufgabe und die Chance, die Gemeinschaft demokratisch herzustellen und zu gestalten und allen in der Gemeinschaft Rechte auf Mitentscheidung und Mithandeln einzuräumen.

»Das sieht ja hier wieder furchtbar aus. Die Kinder räumen nie auf!« Dieser Stoßseufzer einer Erzieherin führt zu einer längeren Diskussion im Team. Die Positionen bewegen sich zwischen den Polen »bevor ein Kind sich ein neues Spielzeug nimmt, muss es das alte wegräumen – zumindest vor dem Mittagessen muss alles wieder in den Regalen liegen« über »das kann man so grundsätzlich nicht sagen; manchmal spielen die Kinder so schön; da mag ich sie nicht stören; dann räume ich schon mal nach Feierabend auf« bis zu »eigentlich müssen wir das mit den Kindern

> gemeinsam besprechen und entscheiden; lasst uns doch gemeinsam mit den Kindern Regeln für das Aufräumen finden«. Wie die Gemeinschaft der Kita konkret gestaltet wird, muss von den Fachkräften (und den Kindern) immer wieder gemeinsam geklärt werden.

Diese Gemeinschaft in der Kindertageseinrichtung stellt einen wichtigen Hintergrund für die Bildungsprozesse des einzelnen Kindes dort dar. Die Umsetzung der persönlichen Bildungsinteressen des einzelnen Kindes betrifft in der Regel auch andere Kinder. Einzelinteressen sind berechtigt und wichtig, aber ihre Realisierung muss in der Einrichtung mit anderen ausgehandelt, vielleicht verändert und abgestimmt werden. Die Selbstbildung der Individuen muss mit den gesamten (Bildungs-)Bedingungen in der Gemeinschaft vermittelt werden. Selbstbestimmung und Mitbestimmung, Selbstverantwortung und Mitverantwortung müssen Hand in Hand gehen.

> Yasmin hat Geburtstag. Sie wird fünf Jahre alt. Den Geburtstagskuchen für die Gruppe möchte sie zusammen mit Sergej und Alina selbst backen. Yasmin weiß, welchen Kuchen sie möchte: Schokoladenkuchen. Aber was ist ein Schokoladenkuchen? Jetzt sitzen alle drei vor einem Backbuch. Während Sergej sofort auf einen Marmorkuchen zeigt, möchte Yasmin eine Schokoladentorte. Alina verbindet Schokoladenkuchen eher mit braunem Kirschkuchen. Was soll also gebacken werden? Die Kinder staunen, wie viele Schokoladenkuchen es gibt. »Aber den Kirschkuchen können wir nicht nehmen, da sind Nüsse drin und die darf Miriam nicht essen!«, fällt Aline ein. Die Kinder beschließen, die anderen zu fragen, welchen ihrer drei Schoko-Favoriten sie backen sollen. In der Frühstückspause wird abgestimmt.

Gesellschaftliches Engagement heißt gemeinsam entscheiden und handeln

Gesellschaftliches Engagement beinhaltet nicht nur das Recht auf Mitentscheidung, sondern auch die Möglichkeit zu gemeinsamem aktivem Handeln bzw. die Chance, eigene Interessen einbringen zu können. Eigene aktive Engagementhandlungen sind beispielhaft in Tabelle 1 auf Seite 28 und in den Tabellen 2 und 3 ab Seite 86 aufgelistet.

> Nachdem der Plan für das neue Außengelände gemeinsam erstellt wurde, dürfen die Kinder sich jetzt auch an der Umsetzung beteiligen. Sie wählen mit den Fachkräften und dem Architekten das Holz aus, aus dem ihr Klettergerüst gebaut wird, helfen beim Sträucher- und Blumenpflanzen, schaufeln zusammen mit den Erwachsenen den Sand in die neue Sandkiste etc.
>
> Die Kinder beschweren sich, dass die Hunde auf dem öffentlichen Spielplatz im Stadtteil »Kacka machen«. Gemeinsam überlegen Kinder und Fachkräfte, wie man den Hundehaltern deutlich machen kann, dass die Kinder das ekelig finden. Die Ideen reichen von »es den Menschen sagen« über »Protestplakate malen« bis hin zu der Forderung »Hunde dürfen gar nicht auf den Spielplatz! Wir können ein Schild ›Hunde verboten‹ malen«.

Diese Beispiele zeigen ein gemeinsames Handeln für die Bedürfnisse und Aufgaben der eigenen Gemeinschaft in der Kindertageseinrichtung und darüber hinaus auch für öffentliche Interessen in der Kommune oder im Stadtteil. Solches Handeln ist der Kern gesellschaftlichen Engagements.

Potenziale frühen gesellschaftlichen Engagements

Die Potenziale gesellschaftlichen Engagements für die Förderung von Bildungsprozessen wurden bereits herausgearbeitet. Im Exkurs über die Schattenseiten der Zivilgesellschaft wurde darüber hinaus deutlich, dass die »Zugangschancen Jugendlicher zu gesellschaftlichem Engagement und somit auch ihre Möglichkeiten zur Platzierungsinklusion über ein solches Engagement (...) in Deutschland ungleich verteilt [sind]. Darauf weisen die empirischen Studien – trotz aller Unterschiede in den Untersuchungsgruppen und methodischen Designs – übereinstimmend hin« (Braun 2007: 91; vgl. auch Lerner, Alberts und Bobek 2007). Schaut man sich die Chancen an, die gesellschaftliches Engagement den Einzelnen bietet, ist dies umso dramatischer, wird hier doch deutlich, dass die Exklusion von Engagementchancen zu einer weiteren Benachteiligung führt. Umso wichtiger ist die Sensibilisierung dafür, dass Kindertageseinrichtungen als erste pädagogische Institution in der Biografie von Kindern Engagementerfahrungen systematisch fördern können.

Indem sich Kinder für ihre Interessen und die der anderen einsetzen, Mitverantwortung übernehmen und gemeinsam handeln, können sie

Chancen gesellschaftlichen Engagements für Kinder

- ihre *eigenen Interessen* einbringen und (zusammen mit anderen) umsetzen,
- ihre eigenen *Wertvorstellungen einbringen,*
- *Solidarität erfahren,* weil sich auch andere für die Themen und Interessen mitengagieren und man selber solidarisch mit anderen ist (indem man sich hilft, tut man auch etwas für andere),
- eine *Einbindung in soziale Netzwerke erleben* und von den Unterstützungsressourcen der Netzwerke profitieren,
- *Gemeinschaft und Kooperation* erfahren,
- *soziale Anerkennung* erhalten,
- *Anerkennung als berechtigte Bürgerinnen und Bürger* erhalten (indem sie ihr Recht darauf, eigene Interessen und Positionen einzubringen, erleben),
- *durch die Anerkennung der anderen sich selbst anerkennen,*
- sich *kulturelle, instrumentelle, soziale und personale Kompetenzen* aneignen,

– *Selbstwirksamkeit erfahren* (nicht nur durch eindeutige Erfolge des Engagements, sondern auch schon dadurch, dass sie sich zusammen mit anderen einsetzen und einbringen können – sie bleiben nicht passiv, sondern können sich als aktiv erfahren),
– ihr Engagement als *sinnvolle Tätigkeit* erleben
– und vieles mehr.

Sich für sich und andere engagieren zu können, öffnet Kindern zahlreiche Bildungschancen, Erfahrungen, die besonders für Kinder aus benachteiligten Lebensverhältnissen wichtig sind.

> Bei der Neuplanung der Frühstückssituation in der Kita wird auch darüber gesprochen, wie der Tisch dekoriert werden soll. Die Kinder haben verschiedene Ideen und holen mögliches Dekorationsmaterial. Die Erzieherin beobachtet, dass der dreijährige Bakir, der erst kurz in Deutschland ist und noch kaum Deutsch spricht, damit anfängt, diese Dekorationsmaterialien zu sortieren. »Hast du eine Idee, wie wir den Tisch schmücken können?«, fragt sie ihn und unterstützt ihre Frage mit Gesten. Bakir nickt und sucht sich ein Deckchen aus, das er auf den Tisch legt. Dabei lässt er sich viel Zeit: Er legt das Deckchen diagonal, quer und längs. Dann platziert er einen Kerzenständer und holt Muggelsteine, die er in die Tischmitte legt.
>
> In den nächsten Tagen wechseln sich die Kinder mit dem Tischdekorieren ab; bald wird aber klar, dass dies die Aufgabe von Bakir ist. Es ist sein Job. Er greift immer wieder ein, engagiert sich für einen schön gedeckten Frühstückstisch wie kein anderes Kind. Die anderen Kinder überlassen ihm nach und nach das Feld und mischen sich kaum noch ein. Und wenn Bakir den Tisch noch nicht fertig geschmückt hat, müssen die Kinder mit dem Frühstück noch warten. Das wird von allen akzeptiert.

> In den folgenden Wochen merken die pädagogischen Fachkräfte, wie wichtig diese Aufgabe für Bakir ist. In seiner Rolle des Tischdekorateurs wird er von den anderen Kindern wahrgenommen und bekommt Anerkennung für seinen Beitrag zu einem schönen, gemeinsamen Frühstück.

Der Clou gesellschaftlichen Engagements liegt darin, dass die Individuen, indem sie etwas für sich tun, gleichzeitig auch etwas für andere und für die gesamte Gemeinschaft tun. Individuelle und gesellschaftliche Entwicklungsmöglichkeiten bedingen sich gegenseitig.

Wenn Kinder in Kitas die Möglichkeit haben, sich zu engagieren, profitieren nicht nur sie selbst, sondern auch die Gesellschaft – die der Kindertageseinrichtung im Kleinen und schließlich auch die Gesellschaft im Großen –

Chancen für die Demokratie

... weil Kinder früh Demokratie praktizieren ...
- sie sich als von bestimmten Themen und Problemen *speziell Betroffene* einbringen können,
- Themen und *Interessen unterschiedlichster Gruppen* eingebracht werden können,
- unterschiedlichste Interessen und *Konflikte thematisiert* und doch auf demokratische Weise bearbeitet werden können,
- die Kinder sich damit an einer *demokratischen Öffentlichkeit* beteiligen können, in der Probleme und Interessen aufgebracht und diskutiert werden,
- sie demokratische Strukturen in der Kindertageseinrichtung *beobachten, diskutieren und korrigieren* können,
- sie für ihre Verhältnisse *angemessene neue Lebens- und Problemlösungen* schaffen können (aus denen dann auch wiederum Forderungen an die Entscheidenden in der Einrichtung erwachsen können),
- sie in ihrem Alltag *Zivilität* im Sinne von Gewaltfreiheit, Fairness und Toleranz üben können,

... und weil Kinder sich früh als Mitglieder einer demokratischen Zivilgesellschaft erfahren können, indem ...
- sie sich als aktive und gleichberechtigte *Bürgerinnen und Bürger des demokratischen Gemeinwesens* (Citizenship) erleben,
- sie sich als aktiv Beteiligte nicht nur als von Regeln, Rechten und Gesetzen Betroffene (also als Adressaten des Rechts) erfahren, sondern auch ihre *Einflussmöglichkeiten auf Entscheidungen,* Regeln und Gesetze erleben (sie sind insofern auch Urheber des Rechts),
- das, was *Gemeinwohl im Alltag der Kindertageseinrichtung* sein könnte, *gemeinsam diskutiert* und realisiert werden kann,
- sie Gesellschaft in der Kindertageseinrichtung als *gegenseitigen Bezug* aufeinander erfahren,
- sie sich mit ihrer Demokratie und Gesellschaft *identifizieren* und mit ihr verbunden fühlen können,
- sie *Solidarität* nicht nur als relevant für nahe und vertraute Menschen erleben, sondern als Prinzip für alle erfahren können.

Das Nachdenken über Potenziale gesellschaftlichen Engagements für die Gesellschaft und Demokratie weist aber auch darauf hin, dass diese Möglichkeiten nicht immer eingelöst werden. Die Zivilgesellschaft ist auch ein »utopisches Projekt« (Adloff), also ein Anspruch, die eigene demokratische Gesellschaft zu verbessern.

Selbstwirksamkeit und Anerkennung

Die Auflistung der Potenziale gesellschaftlichen Engagements zeigt, dass Engagementförderung schon in der Kindertageseinrichtung nicht nur aus der Perspektive von Bildungsförderung interessant ist: Die Praxis gesellschaftlichen Engagements in der Kita kann auch jungen Kindern wichtige Kompetenzen vermitteln, Erfahrungen von sozialer Integration, von Selbstwirksamkeit und Anerkennung. Solche Erfahrungen sind wichtig und unterstützend für die Entwicklung einer eigenverantwortlichen und gemeinschaftsfähigen Persönlichkeit.

Gleichzeitig ist es im Interesse einer demokratischen Gesellschaft, dass Kinder schon früh an Demokratie teilnehmen und lernen, sie aktiv wahrzunehmen. So lernen sie nicht nur soziales Handeln in kleinen begrenzten Gemeinschaften, sondern auch, Mit-Bürger in einer vielfältigen und konfliktreichen Gesellschaft zu werden. Schon in der Kindertageseinrichtung können sie beginnen, sich die Kompetenzen anzueignen, die man dafür benötigt (vgl. Sturzenhecker et al. 2010). Solche demokratischen Fähigkeiten liegen nicht nur im Interesse der Gesellschaft, sondern auch im Interesse des Individuums, das sich damit in die Gesellschaft einbringen und aktives Mitglied – statt passiv »Erleidende/r« – von Staat und Gesellschaft werden kann.

Der Pädagoge Hermann Giesecke argumentierte bereits 1965 im Blick auf die politische Bildung von Jugendlichen: »Daß jeder Mensch von einem bestimmten Alter an das gleiche Recht und auch die gleiche Chance haben soll, sich in unserem Gemeinwesen politisch zu beteiligen – dies ist fast das einzige, was wir allen Heranwachsenden im Jugendalter voraussagen können. (...) Wir wissen weder, welchen Beruf der spätere Erwachsene ausüben und wie oft er ihn wechseln wird, noch, in welcher sozialen Umgebung er sich bewegen wird. Aber wir wissen, daß er bei den zu erwartenden politischen und gesellschaftlichen Änderungen so weit wie möglich Subjekt und so wenig wie nötig Objekt sein soll« (Giesecke 1965: 179).

> Die Möglichkeit zum Engagement muss das Recht jedes Kindes sein

Das kann man auch auf die Erziehung in der Kita beziehen: Wir wissen nicht, was die Kinder später etwa im Beruf können müssen; wir wissen nicht, in welcher gesellschaftlichen und sozialen Stellung sie ankommen werden; wir wissen nicht, in welchen gesellschaftlichen Problemen, Konflikten und Krisen sie sich werden bewähren müssen. Aber wir wissen (und hoffen), dass sie zur Mitentscheidung berechtigte und engagierte demokratische Bürgerinnen und Bürger sein werden. Und wir wissen, dass die demokratischen Kompetenzen gleichberechtigten und fairen Aushandelns wichtig sind für die gemeinschaftliche Bearbeitung von Problemen und Konflikten.

Wenn man von Demokratie überzeugt ist – und weiß, dass mehr und mehr Menschen nicht mehr wählen, nichts mehr von Demokratie halten und manche sogar rechtsextrem ihre Abschaffung wollen –, dann ist es umso wichtiger, dass sich Menschen schon früh mit Demokratie identifizieren und sich in ihr engagieren. Gesellschaftliches Engagement fördert Demokratiebildung.

Wie gesellschaftliches Engagement in Kindertageseinrichtungen ermöglicht werden kann

Viele Kindertageseinrichtungen haben für Kinder ein attraktives pädagogisches Angebot: Es gibt eine Lernwerkstatt, ein Atelier, einen Bewegungsraum, Bastelangebote, Sprachkurse, Mittelalterprojekte und vieles mehr. Diese Wahlmöglichkeit zwischen hochdifferenzierten Bildungsangeboten wird häufig gleichgesetzt mit hoher Bildungsqualität. Aber: Wie sehr sind Kinder durch diese Angebotsvielfalt in einer Konsumentenrolle verfangen? Verringert die mit der Angebotsdichte einhergehende »Entlastung« der Kinder von den »Mühen des Alltags« nicht gleichzeitig ihre Bildungschancen? Wie werden sie am wirkungsvollsten angeregt, selbst mitzutun, mitzuentscheiden, mitzugestalten und mitzuverantworten? Wie können Kinder in die Bewältigung der Alltagsgestaltung als Mitentscheidende und Mithandelnde einbezogen werden?

Die »Mühen des Alltags« als pädagogische Chance

Dieses Kapitel zeigt, wie es Kindertageseinrichtungen gelingen kann, die Mädchen und Jungen zu demokratischem gesellschaftlichem Engagement anzuregen. Nach einem Blick auf die Engagementchancen des Alltags werden die möglichen Themen von Engagement spezifiziert. Anschließend wird das Kontinuum zwischen punktuellem, geregeltem und demokratisch geregeltem Engagement beschrieben und geklärt, was Kinder für ihr Engagement brauchen und wie pädagogische Fachkräfte dies eröffnen können. Schließlich geht es um die Frage (auch) erwachsenen Engagements in Kindertageseinrichtungen.

Den Alltag als (mit-)gestaltbar erfahren

Gesellschaftliches Engagement beinhaltet das Recht, mitzuentscheiden und mitzuhandeln. Wie Mitentscheidungsrechte in Kindertageseinrichtungen umgesetzt werden können, zeigt das Konzept »Die Kinderstube der Demokratie« (vgl. Hansen, Knauer und Friedrich 2004; Müller und Plöger 2008; Hansen, Knauer und Sturzenhecker 2011). Dort konnte demonstriert werden, dass eine demokratische Gestaltung von Kindertageseinrichtungen sowohl zur Förderung von Bildungsprozessen beiträgt als auch frühe Erfahrungen demokratischen Handelns ermöglicht. Im vorliegenden Konzept »Mitentscheiden und Mithandeln« wird darüber hinaus dargestellt, wie die Einrichtungen Kinder darin unterstützen können, sich gesellschaftlich zu engagieren – das heißt, ihnen die Möglichkeit zu eröffnen, in ihrem Alltag in der Öffentlichkeit der Einrichtung und ggf. in der Öffentlichkeit der Kommune mitzuentscheiden und mitzuhandeln.

Unser Vorschlag der Förderung gesellschaftlichen Engagements als Bestandteil der Bildungs- und Demokratieorientierung ist kein starres Rezept (»so funktioniert gesellschaftliches Engagement«), sondern eine konzeptionelle Anregung, die eigene Pädagogik in der Kindertageseinrichtung selbstbestimmt weiterzuentwickeln (»darüber kann man nachdenken, wenn man gesellschaftliches Engagement fördern will«). Nachhaltige Veränderungen in der pädagogischen Arbeit sind nur dann möglich, wenn alle gemeinsam sich auf einen Prozess einlassen, der ihnen gangbar erscheint. Daher muss jedes Team – letztlich auch zusammen mit dem Träger und den Eltern – selbst entscheiden, welche Schwerpunkte es hier setzen will.

Doppelte Öffentlichkeit in Kitas Gesellschaftliches Engagement meint ein Handeln in der Öffentlichkeit, außerhalb des Privaten. Kindertageseinrichtungen stehen nun in einem doppelten Bezug zur Öffentlichkeit: Zum einen stellt die Kita selbst eine »kommunale« Community oder Gemeinschaft dar; zum anderen ist sie als Institution in ihrer lokalen Verankerung ein Teil der örtlichen Kommune,

der Ortsgemeinde. Betrachtet man Kindertageseinrichtungen als eine solche Gemeinschaft, die ihre gemeinsamen Bedürfnisse und Angelegenheiten regelt und sich vor Ort in einer Kommune befindet, entstehen zwei Bezüge zur Demokratie und damit auch zum gesellschaftlichen Engagement:
- Einerseits geht es um die Art und Weise, wie die Angelegenheiten der Gemeinschaft *in der Kindertageseinrichtung* geregelt werden sollen (und hier ggf. zunächst in der vertrauten Kleingruppe, später vielleicht für die ganze Einrichtung).
- Andererseits geht es darum, wie die gesellschaftlichen Angelegenheiten außerhalb der Kindertageseinrichtung *in der Kommune* geregelt werden, und damit auch um die Frage, ob und wie sich die Kinder und die pädagogischen Fachkräfte in der kommunalen Öffentlichkeit engagieren können.

Zwischen den Erfahrungen in der Gemeinschaft der Kindertageseinrichtung und in der politischen Kommune gibt es Gemeinsamkeiten und Übergangsmöglichkeiten. Kinder können sich in der Kita Demokratie aneignen und damit schon Prinzipien der kommunalen Demokratie kennenlernen. Gerade dadurch kann ggf. auch eine Beteiligung von Kindern an der Demokratie im kommunalen Raum möglich werden.

Gesellschaftliches Engagement auch in der Kommune

Auch wenn Engagement oft zunächst in der vertrauten Gemeinschaft in der Kindertageseinrichtung erlernt und geübt wird (sozusagen als Pflichtprogramm des Engagementlernens), können sich schon früh Anlässe ergeben, die zu einem Engagement der Kinder in der Kommune führen (quasi als Kür des Engagementlernens). Das ist deshalb so bedeutsam, weil die Kinder so einen gesellschaftlichen Zusammenhang des Mitentscheidens und Mithandelns erkennen können. Gesellschaftliches Engagement darf sich vor allem für die älteren Kinder nicht nur auf die eigene, engere Gemeinschaft innerhalb der Einrichtung beziehen, sondern muss auch die Interessen der anderen Akteure im Gemeinwesen einbeziehen.

Ohne Möglichkeiten des Übergangs gesellschaftlichen Engagements in die Öffentlichkeit und Community der Gemeinde bzw. des Stadtteils bliebe das Engagement in der Kita eine isolierte Erfahrung. Demokratie und Engagement dürfen nicht nur für die begrenzten Gemeinschaften innerhalb der Einrichtung gelten, sondern müssen je nach individuellen Interessen und Möglichkeiten der Kinder auch in ihrer Bedeutung für das Gemeinwohl außerhalb der Einrichtung erfahren werden können. Dabei gilt es allerdings, den jeweiligen Entwicklungsstand des Kindes zu berücksichtigen: Sind Krippenkinder häufig schon mit der Teilnahme an einer Kinderkonferenz überfordert, ist das Engagement als Delegierte in einem Kinderparlament für die meisten Drei- bis Sechsjährigen eine spannende Herausforderung; Hortkindern wiederum sind die Grenzen der Kindertageseinrichtung oft zu eng, wenn sie nicht kommen und gehen und sich auch im Umfeld betätigen dürfen, wie sie wollen.

Kitas bleiben pädagogische Orte

Und doch bleiben pädagogische Einrichtungen immer auch besondere und abgesonderte Organisationen, die nicht einfach mit Gesellschaft gleichgesetzt werden können. Im Gegensatz zur Gesellschaft gelten in ihnen pädagogische Prinzipien, wie das der Entwicklungsförderung, der Fürsorge und des Schutzes. Allerdings ist es möglich, diesen Ort so zu gestalten, dass die Kinder möglichst weitgehend an der Organisation des gemeinsamen Lebens der Einrichtung beteiligt werden, also selbst Aufgaben und Verantwortung übernehmen und die Belange der pädagogischen Gemeinschaft demokratisch mitentscheiden und regeln. Damit daraus nicht eine von der Gesellschaft abgekapselte Insel wird, ist auch ein Übergang zwischen der Innenwelt der Kindertageseinrichtung und der gesellschaftlichen Außenwelt zu eröffnen.

Im gesellschaftlichen Engagement werden echte Probleme gelöst

Indem sie zunächst für den Alltag der Einrichtung mitzuständig werden, können Kinder die Aufgaben, Strukturen und Arbeitsweisen einer Gesellschaft beziehungsweise Kommune konkret in ihrer kleinen Gemeinschaft erfahren, ohne dass ihnen eine gesellschaftliche und demokratisch-politische

Bildung durch künstliche Didaktiken und Programme übergestülpt werden müsste. Wie wichtig es für die Schule ist, Schülerinnen und Schüler an der Lösung realer Probleme zu beteiligen, wurde schon von Ella Flagg Young (von 1900 bis 1904 Assistenzprofessorin an der University of Chicago) beschrieben: »Intelligenz aber lässt sich nur dann entwickeln und nutzen, wenn genügend Probleme gelöst und relevante Entscheidungen getroffen werden können« (nach Oelkers 2009: 120).

Auch Michael Winkler betont die Bedeutung dieser Ernstsituationen: »Kinder und Jugendliche müssen Aufgaben und Probleme finden und entdecken, die nicht von vornherein auf sie zugeschnitten worden sind, möglicherweise um den Preis zu lernen, dass sie bei der Bewältigung der Aufgabe um Hilfe bitten müssen, fast immer aber mit der Konsequenz, dass sie diese Welt anders interpretieren, als dies ihre Gründer taten« (Winkler 2006: 279).

Indem Kinder in ihren realen Gemeinschaften reale Probleme bewältigen, können sich im besten Fall auch Übergänge zwischen der demokratischen Gemeinschaft der Kindertageseinrichtung und der demokratischen Kommune ergeben.

> Mit der Übernahme von Patenschaften für einige Tiere im Tierheim hat sich für die Kinder ein intensiver Kontakt zum Tierheim ergeben. Sie besuchen regelmäßig »ihr« Tier und erzählen den anderen Kindern von den Veränderungen. Die Tierheimmitarbeiterinnen (zum großen Teil selbst freiwillig engagiert) kennen die Kinder und freuen sich auf den wöchentlichen Besuch. Die Kinder engagieren sich hier regelmäßig (von der Kita unterstützt) an einem Ort in der Öffentlichkeit der Kommune und werden von anderen Erwachsenen an diesem öffentlichen Ort als wichtige Unterstützer wahrgenommen und geschätzt.

Das Konzept, den sozialpädagogischen Ort in und trotz seiner Besonderheit zu gestalten wie eine »kleine Gesellschaft«, hat eine lange pädagogische Tradition. So berichtet Siegfried Bernfeld aus dem von ihm geleiteten Kinderheim Baumgarten (gegründet 1919) über den erfolgreichen Versuch einer demokratisch strukturierten Mitbestimmung der Kinder in der »Schulgemeinde« inklusive eines eigenen »Gerichtshofes«. Die Mitentscheidungsmacht über die gemeinsamen Angelegenheiten wird verbunden mit vielerlei Ämtern der Kinder: Postmeister, Speisesaalordnerin, Läuter, Schlafsaalordnerin, Ausgangsordner, Untersuchungsrichterin, Schriftführer usw. Hinzu kommen in einer Art Verein organisierte Interessen- und Freundschafts-»Gemeinschaften« der Kinder.

Kinder als »Rentner«? Bernfeld überspitzt kritisch, dass die Kinder in pädagogischen Einrichtungen (er bezieht sich auf Schulheime), in denen sie allseitig versorgt werden, zu »Rentnern« gemacht würden. Das geschieht vor allem, wenn sie die institutionelle Struktur nicht mitbestimmen oder mitproduzieren dürfen: »Sie werden Rentner. Der Tisch ist täglich drei- oder viermal gedeckt; es gibt Wärme, Licht, Kleidung, Bücher, Musik, Theater, Sport und Spielgerät und Raum. All dies wird produziert ohne ihre Arbeit, ohne ihre Sorge, ja ohne Arbeit und Sorge des Schulheims und seiner Führer« (Bernfeld 1969: 415f.). Das ist ein starkes Argument gegen reine Betreuungs- oder Dienstleistungspädagogik: Unter solchen Verhältnissen werden Kinder zu passiven Versorgungsfällen bzw. mehr oder weniger anspruchsvollen Kunden einer Dienstleistung, und Potenziale selbstbildender Aneignung des pädagogischen Ortes werden verhindert.

Eine pädagogische Chance bietet Problemlösung im Alltag aber nur, wenn es um Aufgaben geht, zu denen Kinder aufgrund ihrer Erfahrungen Zugang haben. Jürgen Oelkers (2009: 164) betont mit Rückgriff auf Dewey: »Probleme sind der entscheidende Stimulus für das Denken (…), aber Probleme entstehen für den Lernenden nur dann, wenn sie seine Erfahrung berühren und ihr gegenüber nicht äußerlich bleiben«.

Bei der Suche nach einem Einstieg in das Thema »gesellschaftliches Engagement« führt die Diskussion der pädagogischen Fachkräfte zu der Erkenntnis, dass der Alltag in der Einrichtung sehr stark durchstrukturiert ist. Das Bemühen, besonders den Kindern, die im nächsten Jahr in die Schule kommen, möglichst viele Bildungsangebote zu machen, hat dazu geführt, dass der Spielverlauf der Kinder immer wieder durch den Beginn neuer Gruppenangebote und Kurse unterbrochen wird. Darüber beschweren sich die Kinder zunehmend. Das Team beschließt, den Protest der Kinder stärker zu berücksichtigen. In der Folgezeit beobachten sie die Kinder insbesondere auf Ansätze zum Widerstand, thematisieren ihre Beobachtungen und bieten den Kindern so Unterstützung darin, ihre Kritikpunkte und Wünsche öffentlich und damit diskutierbar zu machen. So wird die Strukturierung des Alltags auch zur Aufgabe der Kinder selbst.

Als die Kinder dies merken, äußern sie ihre Wünsche noch deutlicher. So sagen einige, dass sie es blöd finden, dass nur die fünfjährigen Kinder in die Lernwerkstatt dürfen: »Meine Freundin [4 Jahre] kann nie mit. Das finde ich doof!« Ein fünfjähriger Junge bietet sofort seinen Platz an, »weil ich sowieso etwas anderes machen will«. Durch die Unterstützung des Widerstands seitens der Fachkräfte erleben die Kinder, dass sie ernst genommen werden, und sie beginnen, gemeinsam neue Regeln für die Nutzung der Angebote aufzustellen.

Themen, zu denen sich Kinder engagieren können

Wenn gesellschaftliches Engagement als Mitentscheiden, Mithandeln und Mitverantworten bereits in Kindertageseinrichtungen ermöglicht werden soll, gilt es zu klären, zu welchen Themen dies geschehen kann: Bei welchen Aufgaben und Problemen können Kitas Gelegenheitsstrukturen für gesellschaftliches Engagement eröffnen? Bei genauerem Hinsehen werden viele Möglichkeiten deutlich. Die Darstellung in Tabelle 2 und 3 ist dabei keine Pflichtliste. Welche Engagementfelder Kindern eröffnet werden, sollte jedes Fachkräfteteam für sich klären (vgl. Kapitel zur Fortbildung). Die Auflistung möglicher Engagementbereiche ist vor allem dazu gedacht, die Fachkräfte anzuregen, solche oder ähnliche Themen in ihrer Einrichtung zu entdecken.

Bei der Suche nach möglichen Themen des Engagements beziehen wir uns auf die bereits eingeführte Zusammenstellung der Enquete-Kommission (siehe Tabelle 1) und erweitern diese unter Bezug auf sozialpädagogische Konzipierungen pädagogischer Orte, wie von Bernfeld und Makarenko. Wir folgen Bernfelds Idee, dass man Kinder nicht durch allseitige Versorgung zu einer Art »Rentner« machen sollte. Stattdessen sollte man sie an allen (oder mindestens wichtigen) Aufgaben aktiv beteiligen, die für das gemeinschaftliche Leben in der Einrichtung bedeutsam sind. Das muss immer verbunden sein mit dem Recht, an (mindestens ausgewählten) Entscheidungen darüber teilzunehmen, wie diese Aufgaben und das Leben in der pädagogischen Gemeinschaft insgesamt gestaltet werden sollen. Wenn also eine Kindertageseinrichtung als »kleine Gesellschaft« betrachtet wird und die Kinder an den gesellschaftlichen Aufgaben beteiligt werden sollen, wäre zu fragen, welche grundsätzlichen Aufgaben bzw. Themen sich stellen und in welcher Weise sie für die engagierte Beteiligung der Kinder eingerichtet werden können.

Engagement zwischen Notwendigkeit und Freiheit

Bei der Themensuche greifen wir zudem ein Konzept aus der politischen Philosophie Hannah Arendts auf, das auf den antiken griechischen Philosophen Aristoteles zurückgeht (die Idee, das weite Feld möglicher Themen unter Verwendung der Struktur von Notwendigkeit und Freiheit zu ordnen, verdanken wir Helmut Richter). Hannah Arendt geht davon aus, dass es in jeder Gesellschaft einen Bereich der Notwendigkeit gibt: Aufgaben, die unbedingt erfüllt werden müssen, um die Bedürfnisse und basalen Bedarfe der Gesellschaftsmitglieder zu befriedigen. Menschen benötigen beispielsweise Nahrung und ein Dach über dem Kopf, sie brauchen Kleidung und müssen sich um ihre Gesundheit kümmern. Mit Notwendigkeit ist also alles gemeint, was in einer Gesellschaft ganz grundsätzlich geleistet werden muss, um das Leben und Überleben der Menschen und ihrer Gemeinschaft zu sichern. Damit ist der Bereich der Wirtschaft angesprochen, also der Ökonomie (vom altgriechischen *oikos*, der Haushalt), der dafür zuständig ist, das Lebensnotwendige zu erwirtschaften, also zu produzieren und zu verwalten.

Neben dieser notwendigen Grundsicherung gibt es den Bereich der Freiheit. Dieser beinhaltet gesellschaftliche Tätigkeiten und Interessen, die nicht überlebensnotwendig sind und deshalb frei gestaltet werden können. Für Hannah Arendt ist das politische Handeln wichtigster Aspekt dieser Freiheit, weil es nicht mehr an die rein ökonomische Bewältigung des Lebensnotwendigen gebunden ist. Den Zwang, das Lebensnotwendige zu organisieren, verortet sie (mit Aristoteles) im Haushalt und damit im Privaten. Wo Menschen sich jedoch in einen öffentlichen Raum begeben können, beginnt die Freiheit, Politik zu machen. Und das heißt, dass »alle Angelegenheiten vermittelst der Worte, die überzeugen können, geregelt werden und nicht durch Zwang und Gewalt« (Arendt [1960] 1981: 30). Im »Reich der Freiheit« können neben der Politik auch Kultur, Spiel und Sport verortet werden.

Vor diesem Hintergrund versuchen wir im Folgenden, die Möglichkeiten gesellschaftlichen Engagements von Kindern in Kitas in den Bereichen der Notwendigkeit und denen der Freiheit zu beleuchten und zu erweitern. Die Aufzählung ist ausdrücklich nicht vollständig. Auch über die Zuordnung der einzelnen Bereiche kann gestritten werden.

Zunächst geht es um Aufgaben aus dem Bereich der *Notwendigkeit*. In der linken Spalte der folgenden Tabelle werden Bereiche identifiziert, die für das Leben in der Gemeinschaft notwendigerweise erfüllt werden müssen. Diese werden in der zweiten Spalte für Kindertageseinrichtungen konkretisiert, um in der rechten, dritten Spalte Handlungsoptionen zu beschreiben. Es geht darum, Engagementmöglichkeiten und -strukturen sichtbar zu machen. Diese können den Kindern auf vielerlei Weise eröffnet werden, etwa durch gemeinschaftlich eingeführte und veränderbare Ämter oder auch im Rahmen gemeinsamer Projekte und Planungen.

Das muss gelöst werden: Aufgaben aus dem Bereich der Notwendigkeit

Tabelle 2: Aufgaben im Alltag der Kindertageseinrichtung aus dem Bereich der Notwendigkeit

Gesellschaftlich lebensnotwendige Bereiche	Aufgaben in der Kindertageseinrichtung	Engagementmöglichkeiten für Kinder
Essen	gesunde Mahlzeiten planen, einkaufen (finanzieren), kochen, gestalten, servieren sowie Geschirr abräumen und abwaschen ...	Mahlzeiten gemeinsam planen, gemeinsam einkaufen, mitkochen, sich beim Servieren beteiligen, den Tisch gestalten, Würstchen auf dem Nachbarschaftsfest grillen ...
Raum	für Kinder und Erwachsene »schützende« Räume vorhalten, Heizung vorhalten und finanzieren, Möbel bereitstellen und reparieren, Funktionsräume (Klo, Werkstatt, Nassraum ...) vorhalten, Raumeinrichtung pflegen und erhalten ...	die Einrichtung der Räume gemeinsam planen, gemeinsam überlegen, wie man Energie sparen kann, gemeinsam Möbel aussuchen, die Klos neu gestalten, verantwortlich sein für die Werkstatt, regelmäßig kontrollieren, ob auf dem Spielplatz die Geräte in Ordnung sind ...
Kleidung	Kleidung verwahren (Garderobe), auf angemessene Kleidung achten (Regenhose, Winterjacke und Mütze, Malschürze ...), Kleidung pflegen und erneuern ...	beim Waschen helfen, die Regenhosen, Malschürzen etc. ausgeben ...

Gesundheit	Gesundheit der Kinder und Erwachsenen sicherstellen durch Schlaf, Bewegung, Hygiene ...	beim Zähneputzen helfen, beim Sport assistieren, beim Wickeln helfen ...
Sicherheit	die körperliche Unversehrtheit der Kinder gewährleisten, Gefahren verhindern ...	als Kinderlotse oder -lotsin am Fußgängerüberweg helfen, in der Werkstatt die Nutzung des Werkzeugs erklären, darauf achten, dass die Kinder sich auf dem Spielplatz nicht in Gefahr bringen ...
Ordnung, Sauberkeit	eine gewisse sachliche Ordnung und angemessene Hygiene gewährleisten ...	gemeinsam aufräumen, Mülltrennungsregeln erarbeiten, dem Hausmeister helfen, sich als »Hundedreck-Detektive« auf öffentlichen Spielplätzen engagieren ...
Ökonomie	die finanzielle Basis der Kita sichern, haushalten ...	den Energieverbrauch überprüfen, Sponsoren werben, einen Kinderflohmarkt beim Straßenfest vorbereiten ...
»Produktion« (in der Kita nur am Rande relevant)	»nützliche« Güter herstellen (Gemüse für die Küche, Produkte für Basare) ...	im Garten helfen, für den Basar basteln, auf dem Flohmarkt verkaufen ...
Erziehung	Kernaufgaben: Bindung und Fürsorge sichern, zentrale Normen, Werte und notwendige Kompetenzen vermitteln ...	sich als Mentoren für Kleinere engagieren, als »Meister/in« andere Kinder in die Nutzung von Räumen (z. B. Werkstatt) einweisen, eine Spielplatzpatenschaft übernehmen ...

Das kann gestaltet werden: Aufgaben aus dem Bereich der Freiheit

Neben diesen notwendigen Aufgaben lassen sich auch in Kindertageseinrichtungen Aufgaben identifizieren, die dem Bereich der Freiheit zuzuordnen wären. Auch hier werden zunächst allgemeine Bereiche beschrieben, die anschließend konkretisiert und auf mögliche Tätigkeiten von Kindern hin geprüft werden.

Tabelle 3: Aufgaben im Alltag der Kindertageseinrichtung aus dem Bereich der Freiheit

Allgemeine »Freiheitsbereiche«	Aufgaben in der Kindertageseinrichtung	Engagementmöglichkeiten für Kinder
Politik	Rechte und Verfahren demokratischer Mitentscheidung eröffnen	sich als Gruppensprecher/in, Delegierte/r, Vorsitzende/r, Protokollant/in etc. engagieren, als Reporter/in bei der Kita-Zeitung mitarbeiten, als Konfliktschlichter/in agieren, die Kommune bezüglich einer kindgerechten Verkehrsplanung oder Spielplatzplanung unterstützen …
Spiel	Spiel als zentrale Aneignungstätigkeit der Kinder fördern	Spiele verwalten, für Spielbereiche verantwortlich sein, Bobby-Cars ausgeben, Spiele mitbestellen, Ideen für eine Spielzone im Supermarkt entwickeln …
Kultur	hier: ästhetischen Ausdruck und kulturelle Praxis fördern	in der Kinderband mitspielen, ein Konzert im Stadtteil geben, für den Theaterfundus oder die Schminksachen verantwortlich sein, Plakate malen, Fotos für eine Projektdokumentation machen …

Community-Identität, Integration, Außenbeziehungen	eine gemeinschaftliche, integrierende Identität der Kita nach innen und im Außenkontakt entwickeln	ein Logo für die Kita mitentwickeln, Besuch begrüßen, Fremdenführer/in bzw. Außenminister/in in der Kita sein, Werbematerial mitgestalten …
Interessen umsetzen	Aneignung von Interessenthemen einzelner Kinder und Gruppen fördern	sich in Interessengruppen organisieren, einen Kinderverein gründen (Fußballclub, Kartentauschgruppe, Barbie-Verein, Schachgruppe, Karnevalsgruppe, Schwerterschmiede), sich für ein Tiergehege im Stadtpark einsetzen, die Verkehrsplaner aus Kindersicht beraten …
Religion	unterschiedlichste religiöse und spirituelle Praxis ermöglichen	das Zuckerfest oder das Nikolausfest mit vorbereiten, das Gebet oder die Meditation vorbereiten, sich an den Vorbereitungen der Bestattung des Kita-Tieres beteiligen, den Gottesdienst in der Kirchengemeinde mit vorbereiten …
Bildung	eigensinnige Aneignungsthemen und -weisen (siehe auch Interessen) fördern	sich als Vogelbeobachter/in engagieren, die Klogestaltung planen, sich am Hüttenbau auf dem Abenteuerspielplatz beteiligen, sich als Tierpfleger/in engagieren, die Stadtbibliothek bei der Einrichtung einer Kinderbuchzone beraten, sich an der Organisation von Betriebsbesichtigungen (Feuerwehr, Arbeitsplatz der Eltern etc.) beteiligen …

Solidarität	gegenseitige Unterstützung und Hilfe ermöglichen	sich als Sanitäter/in engagieren, ein Tutoramt übernehmen, für das Tierheim in der Nachbarschaft Geld sammeln, im Winter eine Futterstelle für Vögel im Stadtpark einrichten, St.-Martins-Singen für ein wohltätiges Projekt, im Sommer den Baum vor der Kita gießen ...
Sport	sportliche Aktivitäten fördern	sich in der Fußballgruppe oder Ballettgruppe engagieren, den Wettlauf vorbereiten, als Schiedsrichter/in fungieren, den lokalen Sportverein anrufen, um Unterstützung bei einer Sportveranstaltung zu erhalten ...

Themenfindung: Top-down/ aus der Mitte/ bottom-up

Kindertageseinrichtungen, die gesellschaftliches Engagement von Kindern anregen und begleiten wollen, müssen klären, wer welche Aufgaben oder Aktivitäten wie übernimmt, damit alle Mitglieder der »kleinen Gesellschaft« oder der Gruppe den Alltag als gelungen empfinden. Damit beinhaltet gesellschaftliches Engagement alles, was in und um die Kita herum geschehen muss, damit alle Mitglieder sich wohlfühlen.

Engagementthemen können unterschiedlich entdeckt werden. Wie auch bei Partizipationsthemen können sie von den Erwachsenen eingebracht (top-down), von den Kindern vorgeschlagen werden (bottom-up) oder aus der Kommunikation zwischen Kindern und Erwachsenen entstehen (aus der Mitte) (vgl. Knauer et al. 2004: 36f.). Wenn sich Kindertageseinrichtungen erstmalig mit gesellschaftlichem Engagement auseinandersetzen, werden die Themen in der Regel von den Erwachsenen eingebracht. Je mehr Erfahrungen die Kinder und Erwachsenen damit haben, desto häufiger werden Themen auch im Dialog entstehen bzw. von den Kindern selbst vorgeschlagen. Je öfter die Themen von allen Beteiligten eingebracht werden, desto nachhaltiger ist es gelungen, in der Einrichtung eine Engagementkultur zu entwickeln.

Themen des gesellschaftlichen Engagements entstehen also in jeder einzelnen Einrichtung aus einem gemeinsamen Klärungs- und Entscheidungsprozess. Dabei sei wiederholt, dass die in den Listen zur Notwendigkeit und Freiheit genannten Themen nur Anregungen sind. Daraus darf nicht abgeleitet werden, dass diese basalen erzieherischen Aufgaben auf die Kinder abgewälzt werden sollen. Im Gegenteil: Es bleibt Aufgabe und Verantwortung der Erziehenden, für die Gewährleistung der Notwendigkeiten Sorge zu tragen. Das hier entfaltete Konzept versucht allerdings, aus dieser notwendigen Fürsorge nicht eine einseitige Versorgung werden zu lassen, sondern unter Wahrung der erzieherischen Verantwortung den Kindern Möglichkeiten zu eröffnen, sich aktiv und mitverantwortlich in die Gestaltung des gemeinsamen Lebens in der Kita einzubringen.

Punktuelles und geregeltes Engagement

Am Rande einer Fortbildung zu gesellschaftlichem Engagement in Kindertageseinrichtungen tauschen sich zwei pädagogische Fachkräfte über ihre Praxis aus:
– »Engagement ist uns wichtig«, sagt die eine Pädagogin. »Die Kinder helfen gern. Ich versuche immer wieder, Kinder zu bitten, mir zu helfen.«
– »Das ist bei uns genauso«, sagt die zweite Fachkraft. »Auch bei uns helfen die Kinder gern. Jetzt haben wir Ämter eingeführt. Im Gruppenraum hängen Fotos der Kinder. Und außerdem ist das immer wieder Thema im Kinderrat. Da gibt es manchmal heftige Diskussionen zwischen den Kindern, wer was wie gut für die Gruppe gemacht hat.«

In der Praxis lassen sich zwei Formen gesellschaftlichen Engagements unterscheiden: punktuelles Engagement als spontane Übernahme von Aufgaben (»Kann ich helfen?« oder »Kannst du mir helfen?«) sowie geregeltes Engagement, das wiederum in unterschiedlichem Ausmaß durch demokratische Entscheidungsstrukturen gekennzeichnet sein kann.

Punktuelles Engagement als spontane Übernahme von Aufgaben

> Die Erzieherin lobt Ayse, weil sie Luka geholfen hat, die Muggelsteine wieder in die Kiste zu füllen, und bedankt sich bei beiden Kindern. Als sie sieht, dass auf dem Bauteppich noch Bausteine liegen, bittet sie Paul und Leon, die auch noch in die Bausteinkiste zu räumen.

Viele Chancen für punktuelles Engagement im Alltag

Punktuelles Engagement meint spontane gegenseitige Unterstützung, die sich meist ungeplant aus dem Alltagsgeschehen heraus ergibt. Im Alltag pädagogischer Einrichtungen finden sich vielfältige Anlässe dazu. Die Anregung und Unterstützung punktuellen Engagements ist ein wichtiges Moment der Förderung gesellschaftlichen Engagements. Das Verhalten der Erzieherin im obigen Beispiel unterstützt die Kinder darin, sich zu engagieren. Indem sie sich bei Ayse und Luka ausdrücklich für die Unterstützung bedankt, macht sie deren Beitrag für die Gemeinschaft transparent. So werden Kinder für die Bedeutung ihres Handelns für die Gemeinschaft sensibilisiert. Wenn sie in ihrem spontanen Engagement aber keine Mitentscheidungsmöglichkeiten haben, verbleibt spontanes Engagement in den Denkstrukturen des traditionellen »altruistischen« Ehrenamts. Kinder werden zur Hilfsbereitschaft erzogen, ohne dadurch individuelle Mitgestaltungsmöglichkeiten zu erfahren. In unserem Beispiel entscheiden die Helfer Luka und Ayse nicht darüber mit, welche Regeln es für das Aufräumen gibt.

Durch punktuelles Engagement wird im Alltag immer wieder signalisiert: »Dein Handeln in und für die Gemeinschaft ist uns wichtig. Wir brauchen dich und uns interessieren deine Interessen und deine Ideen.« Im Alltag der Kindertageseinrichtungen spielt diese Form eine wichtige Rolle, vermutlich häufig, ohne dass sie vom Team überhaupt als gesellschaftliches Engagement wahrgenommen wird.

> Nach der theoretischen Einführung überlegen die Mitglieder des Teams in der Fortbildung, wo sie im Alltag bislang schon gesellschaftliches Engagement gefördert haben. Dabei stellen sie fest, dass diese Form des Engagements in ihrem Alltag bereits eine wichtige Rolle spielt: Die Kinder engagieren sich beim Tischdecken, sie unterstützen sich gegenseitig beim Anziehen, übernehmen Aufgaben beim Aufräumen, drei Turmbauer setzen sich dafür ein, dass ein großer Bauklotzturm stehen bleiben kann, und vieles mehr. Die Fachkräfte haben diese Aktivitäten der Kinder allerdings bislang nicht als gesellschaftliches Engagement verstanden.

Geregeltes Engagement als freiwillige Übernahme transparent (und demokratisch) geregelter Aufgaben

Wenn aktives Mithandeln in der Kindertageseinrichtung in Form kleiner Ämter- oder Kümmerer-Systeme sichtbar gemacht wird, gründet sich das individuelle Handeln nicht mehr nur auf Hilfemotiven, sondern der Beitrag des Individuums für die Gemeinschaft wird für die Kinder auch strukturell deutlich.

Strukturelle Verankerung durch geregelte Aufgaben

> Um das Aufräumen zu einer gemeinsamen Angelegenheit zu machen, sind die Fachkräfte auf die Idee gekommen, Verantwortlichkeiten zu regeln. Nun gibt es immer zwei Kinder, die jeweils für eine Woche für die Bauecke, die Verkleidungsecke, den Maltisch und die Leseecke verantwortlich sind. Zu ihren Aufgaben gehört, am Ende des Tages den jeweiligen Bereich so aufzuräumen, dass geputzt werden kann und die Kinder am nächsten Tag wieder gut dort spielen können.
> In dieser Woche sind Paul und Ahmed »Maltisch-Chefs«. Ihr Zeichen hängt im Ämterplan unter dem Foto der Malecke.
> Wer welche Aufgabe für wie lange übernimmt (und ob überhaupt), entscheiden die Kinder selbst.

Paul und Ahmed räumen den Maltisch nicht (nur) deshalb auf, weil sie die Erzieherin darum bittet, sondern (auch) weil ihr Handeln einen wichtigen Beitrag für eine gute Gemeinschaft darstellt. Sie sind die »Maltisch-Chefs« und haben mit dieser Aufgabe eine strukturelle Bedeutung in der Gemeinschaft. Hier kann, muss aber noch keine Partizipation der Kinder stattfinden. Das Ämtersystem kann von den Fachkräften allein erdacht und eingeführt worden sein, ohne dass die Kinder Mitspracherechte hatten. Lediglich die Übernahme dieser Aufgaben muss freiwillig sein und damit in der Entscheidung der Kinder verbleiben.

Transparent geregeltes Engagement

Im geregelten Engagement gibt es ein Kontinuum zwischen transparent geregeltem und demokratisch geregeltem gesellschaftlichem Engagement. Während in transparent geregeltem Engagement alles von den Erwachsenen entschieden wird (außer der Frage, ob und wobei sich das Kind engagiert), können beim demokratisch geregelten Engagement die Kinder über diverse Fragestellungen unterschiedlich weit mitentscheiden: über Inhalte, Prozesse und Ergebnisse des Engagements.

Lena malt eine Sonnenblumenwiese. Dafür sucht sie verschiedene gelbe Stifte. Plötzlich hat sie eine Idee: »Es ist viel besser, wenn wir die Malstifte nach Farben sortieren. Dann muss ich nicht immer die gelben Stifte suchen, sondern alle sind zusammen.« In der Kinderkonferenz am Nachmittag bringt sie ihre Idee ein. Viele Kinder finden diese Idee gut. Die Erwachsenen geben zu bedenken, dass es vielleicht besser ist, die Stifte nach Stiftarten zu sortieren, können die Kinder aber nicht überzeugen. »Man kann doch mit Wachsmalern und mit Buntstiften malen. Das sieht gut aus.«

Die Kinder überlegen, wie viele Kästen sie für ihre Stifte brauchen. Sie gehen zur Malecke und schauen sich die Stifte an. Da gibt es blaue, gelbe, rote, orange, braune, schwarze, grüne, lila, weiße. Sie kommen auf neun Farben. Bei einigen Stiften sind sie unsicher, zu welcher Farbe sie gehören. Lena fällt eine Lösung ein, die alle gut finden. Sie erinnert daran, dass sie verabredet haben, dass für den Maltisch immer ein Kind verantwortlich ist: »Das entscheiden dann die ›Maltisch-Chefs‹.« Die Erwachsenen staunen, wie gut dieses von den Kindern erfundene Ordnungssystem funktioniert.

Demokratisch geregeltes Engagement

Demokratisch geregeltes Engagement unterscheidet sich von transparent geregeltem Engagement dadurch, dass die Kinder zusätzlich zu der Frage, wer was macht, auf *drei weiteren Ebenen* Mitentscheidungsrechte haben. Dabei steht die Frage »Wer macht was?« nicht zur Disposition: Weil gesellschaftliches Engagement immer freiwillig ist, liegt diese Entscheidung allein bei den Kindern. Zu allen anderen Fragen muss vorher von den Fachkräften geklärt werden, wer hier entscheidet: die Fachkräfte allein, die Kinder allein oder Kinder und Fachkräfte gemeinsam (vgl. Abbildung 1):

Was ist zu tun?	– bei der Wahl der Themen bzw. Aufgaben, die durch aktives Mithandeln umgesetzt werden sollen: Die Themen reichen von dem Tischdecken über die Aufsicht für den Werkraum oder den Bewegungsraum bis zur Übernahme von Mitverantwortung für den öffentlichen Spielplatz in der Nachbarschaft. Die Beteiligung der Kinder bei der Wahl der Inhalte gesellschaftlichen Engagements beinhaltet auch, dass Engagement zu bestimmten Themen abgelehnt wird.
Wie soll es gemacht werden?	– bei der Art und Weise, wie das Engagement wahrgenommen wird: Gesellschaftliches Engagement ist bei Erwachsenen häufig mit normativen Vorstellungen davon verbunden, wie etwas zu geschehen hat (Wie wird der Tisch gedeckt? Wie räumt man auf? Wie werden die Nachbarn über das Sommerfest informiert?). Kinder können aber ganz eigene Vorstellungen von Handlungsabläufen haben, die vielleicht länger dauern oder Erwachsenen ungewohnt erscheinen. Ihnen hier (Mit-)Entscheidungsrechte zuzugestehen, ist Voraussetzung dafür, dass sich Kinder als Subjekte ihres Handelns erleben und sich gesellschaftliches Engagement bildend aneignen können.
Wann ist es erledigt?	– bei der Beurteilung, wann die Engagementaufgabe zufriedenstellend gelöst wurde: Das Ergebnis des Handelns für die Gemeinschaft kann unterschiedlich aussehen. Auch hier geht es um das Aushandeln normativer Vorstellungen der Akteure in der Kindertageseinrichtung. Wann ist ein Tisch gut gedeckt? Wie werden Neue eingeführt und geschützt? Welche Ordnungssysteme und Regeln gibt es? Welche sollen in der Gruppe gelten? Wie sind Sicherheit und Spielspaß auf dem Stadtteilspielplatz auszubalancieren?

Wie fließend der Übergang zwischen transparent geregeltem Engagement zu demokratisch geregeltem Engagement ist, zeigt die folgende Abbildung. Hier werden die verschiedenen Aspekte des transparent geregelten Engagements immer vor dem Hintergrund der Frage betrachtet: »Wer entscheidet?«

Abbildung 1: Partizipationsgrade gesellschaftlichen Engagements

Partizipationsgrade gesellschaftlichen Engagements		Wer entscheidet?		
		transparent geregelt	demokratisch geregelt	
Was ist zu tun? (Thema)	Mitverantwortlich	Erwachsene	Erwachsene und Kinder	Kinder
Wie soll es gemacht werden? (Prozess)		Erwachsene	Erwachsene und Kinder	Kinder
Wann ist es erledigt? (Produkt)		Erwachsene	Erwachsene und Kinder	Kinder
Wer macht was?	Freiwillig		Kinder	

Die Frage, *ob* sich die Kinder überhaupt engagieren, kann nur von ihnen selbst entschieden werden, da gesellschaftliches Engagement immer freiwillig erfolgt.

Bei allen anderen Fragen müssen sich die pädagogischen Fachkräfte entscheiden, ob, und wenn ja, wie weit sie sich diese Entscheidung vorbehalten, sie den Kindern allein überlassen oder die Entscheidungen gemeinsam mit den Kindern fällen wollen. Je mehr (Mit-)Entscheidungsrechte sie den Kindern zugestehen, desto mehr Möglichkeiten haben die Kinder, Demokratie zu erfahren und sich in demokratischem Handeln zu üben, und desto eher werden sie bereit sein, sich zu engagieren.

Was Kinder für ihr Engagement brauchen und wie pädagogische Fachkräfte gesellschaftliches Engagement eröffnen können

Engagement braucht Bindung

Mit dem Eintritt in die Gemeinschaft der Kita betreten Kinder eine neue Welt, in der sie sich zunächst zurechtfinden müssen. Die Basis für alle weiteren Bildungs- und Erziehungsprozesse ist zunächst eine gelungene Bindung an eine oder mehrere pädagogische Fachkräfte. Erst auf dieser Basis können die Kinder sich sicher den zahlreichen Bildungsanregungen im Alltag zuwenden.

Was kann ich hier tun?

In der Kindertageseinrichtung treffen sie auf einen geregelten Alltag, der sich ihnen erst nach und nach erschließt. Im täglichen Handeln, in den täglichen Interaktionen zwischen den Menschen machen sich die Kinder ein Bild von der sozialen und materiellen Realität der Einrichtung. Allmählich entwickeln sie eine Vorstellung von der Gesellschaft Kindertageseinrichtung: wann, was und wie sie spielen können, welche Angebote es gibt, wann und wie Mahlzeiten angeboten werden, welche ausgesprochenen oder unausgesprochenen Regeln gelten, was wer von ihnen erwartet und vieles mehr. Je differenzierter ihr Bild von der »kleinen Gesellschaft« Kindertageseinrichtung wird, desto handlungsfähiger werden die Kinder in dieser Gemeinschaft.

Engagementmöglichkeiten sichtbar machen

Um gesellschaftliches Engagement zu fördern, ist es in diesem Zusammenhang wichtig, ob und wie die Kinder ein Bild von Engagementmöglichkeiten und -formen in dieser Gemeinschaft entwickeln können. Kinder erleben Kitas zunächst als einen Ort, an dem sie, wenn sie sich eingewöhnt haben, allein oder mit anderen Kindern und/oder Erwachsenen ihren Tag verbringen. Sie sind offen für das, was hier auf sie zukommt. Es ist für sie meistens ein interessanter Ort, an dem sie sich wohlfühlen und der ihnen zunehmend vertrauter wird. Es kann aber durchaus ein Ort bleiben, an dem die Kinder vor allem Konsumentinnen und Konsumenten sind.

Die Förderung gesellschaftlichen Engagements als Recht auf Mitentscheiden und Mithandeln verlangt, dass die Kinder keine Rundumversorgung erleben, dass nicht alles vorentschieden und vorgeplant ist, dass die Mühen der alltäglichen Lebensführung ihnen nicht vorenthalten werden. Gesellschaftliches Engagement wird vielmehr dann gefördert, wenn für die Kinder täglich sichtbar wird, was alles zu tun ist, damit der Alltag gelingt. Welche Zugänge Kinder dafür brauchen, ist jeweils verschieden. Die Beteiligung an den Mühen des Alltags ist für sie eine wichtige Chance für ihre Entwicklung.

Alltagsaufgaben als eigene Angelegenheit entdecken

Dass Kinder in der Kita das erhalten, was sie brauchen, um sich engagieren zu können, liegt in der Verantwortung der pädagogischen Fachkräfte. Sie können Kindern Möglichkeiten zum Mitentscheiden und Mithandeln eröffnen. Dazu müssen sie die Komplexität der Herausforderungen so reduzieren, dass sie für einzelne Kinder zugänglich wird und ihr selbsttätiges Handeln herausfordert.

Den Alltag als pädagogische Chance begreifen

Um Kinder so unterstützen zu können, müssen die Fachkräfte zunächst selbst geklärt haben, zu welchen Themen und wie sie gesellschaftliches Engagement der Kinder zulassen und fördern wollen.

> Der dreijährige Jan ist seit zwei Monaten in der blauen Gruppe. Er ist ein großer Tierliebhaber. Immer wieder steht er fasziniert vor dem Kaninchenstall im Garten. Wenn Dennis und Lara, die »Kaninchenpfleger«, die Tiere füttern oder den Stall säubern, steht er daneben und »will auch«. Manchmal binden die beiden älteren Kinder ihn ein. Dann trägt er stolz das alte Stroh auf den Komposthaufen oder füttert die Kaninchen mit Löwenzahnblättern. Die Erzieherin, die dies beobachtet hat, fragt Dennis und Lara, ob Jan als »Minipfleger« mitmachen dürfe. Als sie zustimmen, wird Jans Foto auf der Magnetwand zum Amt »Kaninchenpfleger« gehängt. Auch wenn es ihm in den folgenden Wochen noch nicht regelmäßig und schon gar nicht allein gelingen wird, die

> Kaninchen verantwortlich zu füttern und zu säubern, entwickelt
> er ein Gefühl von Zuständigkeit. Die Fachkräfte unterstützen Dennis und Laura dabei, Jan in seiner neuen Rolle als »Lehrling« zu begleiten.

Gesellschaftliches Engagement beginnt in den Köpfen der Erwachsenen

Auch wenn Kinder sich immer wieder von sich aus engagieren (wollen), indem sie in vielen Dingen des Alltags anbieten mitzuarbeiten, ist eine gezielte Förderung gesellschaftlichen Engagements (die auch strukturell verankert ist) doch zunächst eine Aufgabe der Erwachsenen. Sie beinhaltet vor allem vier Aspekte:
- punktuelles Engagement befördern
- transparent geregeltes Engagement eröffnen
- demokratisches Engagement ermöglichen
- gesellschaftliches Engagement auch über die Einrichtung hinaus anregen

Punktuelles Engagement fördern

Förderung punktuellen Engagements

Zu welchen Themen sich Kinder in Kindertageseinrichtungen engagieren können, wurde in Tabelle 2 und 3 als Unterscheidung von notwendigen und freiwilligen Aufgaben in einer Gemeinschaft beispielhaft skizziert. In beiden Bereichen ergeben sich im Alltag einer Kindertageseinrichtung viele Situationen, in denen Mitentscheiden und Mithandeln von Kindern punktuell unterstützt werden kann – wenn die pädagogischen Fachkräfte selbst eine engagementfördernde Haltung entwickelt haben.

Kindern die Chance geben, reale Probleme zu lösen

Dabei gilt es, den Kindern die vielen Aufgaben und Probleme, die sich im Alltag ergeben, nicht abzunehmen, sondern sie ihnen als reale Aufgaben anzubieten, die gelöst werden müssen. So stellt auch der amerikanische Soziologe George Counts 1924 fest: »Im Mittelpunkt der Erziehung müssten die realen Probleme der Gesellschaft stehen und nicht einfach die ›Bedürfnisse‹ der Kinder, (...), die unabhängig von der Zivilisation, in der sie leben, gar nicht bestimmt werden können« (nach Oelkers 2009: 157). Genau dies – es den Kindern zuzugestehen und zuzumuten, Aufgaben selbst zu übernehmen und Probleme selbst zu lösen – ist jedoch nicht immer leicht. Viel zu oft übersehen Erwachsene die Engagementangebote der Kinder, unbewusst oder weil es schneller geht, wenn man etwas selbst macht, statt die Aufgabe an die Kinder zurückzugeben. Damit vergeben sie wichtige Bildungsmöglichkeiten.

Die Fachkräfte achten zunehmend darauf, Kinder in die Bewältigung des Alltags einzubeziehen. Immer seltener erledigen sie etwas für die Kinder, immer häufiger versuchen sie, die Angelegenheiten mit den Kindern zusammen zu lösen, oder überlassen dies den Kindern gar selbst.

Bei dem Konzept »Mitentscheiden und Mithandeln« geht es darum, solche Situationen wahrzunehmen und den Kindern die »Mühen der Problemlösung« bewusst nicht abzunehmen. Es gilt vielmehr, diese Probleme Kindern als gemeinsam anzugehende Herausforderungen zuzumuten, sie konkret aus verschiedenen Perspektiven erfahrbar zu machen und Entscheidungsoptionen zu eröffnen. Wenn Kinder beim punktuellen Engagement mitentscheiden dürfen, wird auch dieses zu demokratischem Engagement. Wenn das gelingt, bewältigen die Kinder Herausforderungen spielerisch und lösen Probleme äußerst kreativ und selbstständig. Der Versuch, reale Probleme zu lösen und über die Lösungswege mitzuentscheiden, ist für Kinder in der Regel keine lästige Mühe (wie häufig für die Erwachsenen), die es so schnell wie möglich hinter sich zu bringen gilt, sondern oft eine spannende Aufgabe, die sie fordert und an der sie wachsen.

Für punktuelle Engagementförderung zu sensibilisieren, ist ein guter Einstieg, um gesellschaftliches Engagement in Kindertageseinrichtungen zu fördern. Nachhaltig wird diese Förderung jedoch nur implementiert, wenn das Recht auf Engagement hier auch strukturell und demokratisch verankert ist.

Transparent geregeltes Engagement eröffnen

Regeln die pädagogischen Fachkräfte Engagementmöglichkeiten in der Kita transparent, etwa durch die Beschreibung von Engagementrollen, eröffnen sich den Kindern weitere Möglichkeiten. Gleichzeitig wird Engagement so zu einem strukturell verankerten Moment in der Einrichtung. Durch ein Ämtersystem kann das Engagement in der Kita öffentlich sichtbar werden. Dadurch wird deutlich: Diese Aufgaben unterliegen in unserer Einrichtung der gemeinsamen Entscheidung von Kindern und Erwachsenen und können gemeinsam handelnd umgesetzt werden. So werden die Modalitäten ggf. auch veränderbar.

Aufgaben transparent gestalten

> In einer Teamsitzung überlegen die Fachkräfte: »Welche täglichen Aufgaben fallen bei uns an und woran könnten sich die Kinder beteiligen?« Aus den Aufgaben, von denen sie annehmen, dass die Kinder sich dort gern engagieren würden, entwickeln sie einen Ämterplan, den sie den Kindern vorstellen. Die Kinder können sich aussuchen, ob und welches Amt sie für wie lange übernehmen möchten.

Demokratisches Engagement ermöglichen

Gesellschaftliches Engagement ist nur dann demokratisch, wenn die Kinder auch die Möglichkeit haben, über die Modalitäten mitentscheiden zu dürfen: Wobei möchte ich mich engagieren, wie möchte ich mich engagieren, was erwarte ich von anderen, die sich engagieren etc. (vgl. Abbildung 1)? Demokratisches Engagement verlangt nach verankerten Partizipationsstrukturen, in denen auch Fragen des Engagements von den Kindern mitentschieden werden können.

Verankerte Partizipationsstrukturen

Aus dem Projekt »Offenes Frühstück«

Die pädagogischen Fachkräfte wollen mit den Kindern überlegen, wie das Frühstück gemeinsam gestaltet werden kann. Im Protokoll der Kinderversammlung ist zu lesen:
23.3.2010: Katrin und Susanne teilen den Kindern mit, dass sie nicht mehr alle Aufgaben rund ums Essen allein erledigen möchten. Zuerst haben wir überlegt, welche Aufgaben das denn überhaupt sind, und haben sie aufgeschrieben. Dann haben wir ein Komitee gegründet, welches sich weiter mit dem Thema befasst.
13.4.2010: Eine Delegation von Kindern hat sich heute Gedanken über die Aufgabenverteilung gemacht. Um eine Idee zu bekommen, haben wir uns den Ämterplan von den Delphinen angesehen und anschließend überlegt, ob wir das für uns auch so machen wollen. Im Kreis haben wir den anderen Kindern von unseren Überlegungen erzählt und dann gemeinsam entschieden, dass wir für diesen Plan Fotos von den Aufgaben und von den Kindern brauchen.
   Gemeinsam wurde ein Ämterplan erarbeitet. Ob und wer welche Aufgaben übernimmt, entscheiden die Kinder selbst.

Möglichkeiten des Engagements auch in der Kommune eröffnen

Engagement im öffentlichen Raum

Der Sozialraum, in dem Kinder sich aufhalten, ist nicht auf die Familie und die Kindertageseinrichtung beschränkt. In Begleitung von betreuenden Personen bewegen sich Kinder schon früh in der Umwelt ihres Lebensortes und sammeln dort Erfahrungen. Sie gehen mit ihren Eltern einkaufen, besuchen öffentliche Spielplätze, kennen den Weg von der Kita nach Hause, gehen ins Schwimmbad oder auf den Fußballplatz, erleben Weihnachtsmarkt, Kirmes, Zirkus, Tiergehege, Kindertheater, sehen Baustellen und beobachten öffentliche Arbeiten, besuchen Oma im Altersheim, fahren mit Bobby-Cars oder Laufrädern auf dem öffentlichen Bürgersteig ... Auch kleine Kinder bewegen sich schon in der Öffentlichkeit einer Kommune und nutzen deren Infrastruktur.

Wie sie diese kommunale Öffentlichkeit wahrnehmen, ist von ihren Interessen bestimmt. Ein Spielplatz mit kaputten Spielgeräten betrifft sie konkret, das Finanzdesaster des Gemeindehaushalts bekommen sie gar nicht mit. Aus der Perspektive ihrer kindlichen Lebenswelt können sie durchaus für sie relevante Themenstellungen und Bedarfe in der kommunalen Öffentlichkeit benennen, die sich der erwachsenen Sichtweise entziehen. Die Artikulation solcher Interessen und Problemstellungen an eine abstrakte oder konkrete Öffentlichkeit (Unmut über Hundebesitzer, deren Hunde den Spielplatz verdrecken, oder Beschwerde an die Bürgermeisterin) bietet Ansatzpunkte für die Öffnung gesellschaftlichen Engagements über die Kindertageseinrichtung hinaus. Dabei geht es (wie immer) darum, es den Kindern zu ermöglichen, ihre Interessen und Positionen öffentlich zu artikulieren, sich mit anderen Betroffenen und Beteiligten zu verständigen, gemeinsame Lösungen zu entwickeln, zu entscheiden und sich aktiv handelnd und mitverantwortlich an deren Umsetzung zu beteiligen.

Da Kinder schon früh am »Gemeindeleben« teilnehmen, also Betroffene und Beteiligte sind, ergibt sich auch die Chance und Aufgabe, ihnen dort aktives Mithandeln und Mitentscheiden zu ermöglichen. So wichtig dieser Übergang von der Kindertageseinrichtung zur Kommune auch sein mag, darf er selbstverständlich nicht erzwungen werden, sondern muss davon abhängen, wie und worin die Kinder die Öffentlichkeit außerhalb der Einrichtung wahrnehmen, welche Themen und Bedarfe des Engagements sie dort entdecken und wie sie unterstützt werden können, diese ohne Überforderung zu realisieren.

> Kinder und Fachkräfte hatten beschlossen, einen Walderlebnispfad anzulegen. Dazu hatten sie mögliche Wege auf Kinderhöhe mit bunten Bändern markiert. Bei der nächsten Waldbegehung waren die Bänder verschwunden. Aufgeregt überlegten die Kinder, wer das getan haben könnte und was man dagegen tun könne. Schließlich fanden sie eine doppelte Lösung: Sie schrieben mithilfe der Erzieherinnen einen Brief, den sie kopierten, an die Bäume klebten und in dem sie Passanten baten, die Markierungsbänder hängen zu lassen; und sie engagierten einen besonders großen Vater, der die Bänder höher aufhängte. Schließlich wurde ein geeigneter Weg gefunden und die ersten Stationen für den Walderlebnispfad gebaut (z. B. ein Insektenhotel). Die Kinder mussten hier üben, mit einer anonymen Öffentlichkeit zu kommunizieren und ihr Engagement auch angesichts von Schwierigkeiten und Rückschlägen aufrechtzuerhalten. Schließlich haben sie für das Wohl aller einen anregungsreichen Walderlebnispfad gebaut. (vgl. Hansen, Knauer und Sturzenhecker 2010: 33 f.).

Zum gesellschaftlichen Engagement Erwachsener in Kindertageseinrichtungen

Erwachsene als Engagierte in Kitas

Gesellschaftliches Engagement wird in Kindertageseinrichtungen auch von Erwachsenen erbracht. Dabei geht es nicht nur um zusätzliches Engagement (z. B. als Lesepaten). Schon im normalen Alltag der Kindertageseinrichtung wird etwa von den Eltern gesellschaftliches Engagement erwartet: als Elternvertreterin, als Fahrer oder Begleiter bei Ausflügen, als Teilnehmende an Elternabenden, als Kuchenbäckerin oder Getränkeausschenker auf dem Sommerfest, als Organisator eines Fußballturniers oder Helferin bei der Umgestaltung des Gartens und vieles mehr. Das Gelingen der pädagogischen Arbeit in Kindertageseinrichtungen ist auch von der Mitwirkung der Mütter und Väter und anderer Erwachsener abhängig. Häufig wird dieses Engagement von den Fachkräften als selbstverständlich vorausgesetzt und – dann meistens von den Müttern – eingefordert. Eine öffentliche Anerkennungskultur ist bislang eher wenig ausgeprägt.

Gerade im Zuge der Öffnung von Einrichtungen oder der Umwandlung in Familienzentren oder Mehrgenerationenhäuser wird gesellschaftliches Engagement in Kitas auch auf Erwachsene ausgeweitet, die mit den Kindern nicht familiär verbunden sind (vgl. Sturzenhecker 2009; Knauer, Schorn und Rehmann 2009). Es werden Vorlesepaten gesucht oder Gast-Omas. Ein Tischler aus der Nachbarschaft bietet einmal in der Woche für die Sechsjährigen »Werken in der Holzwerkstatt« an oder Siebzehnjährige der benachbarten Schule machen ein Praktikum in der Kindertageseinrichtung.

Einschränkungen erwachsenen Engagements

Solche Einbindung des Engagements ist ebenfalls zu fördern (vgl. Sturzenhecker 1999). Die Kinder profitieren von diesen zusätzlichen Erfahrungen. Allerdings sind hier drei Einschränkungen zu machen:
– Engagement kann in dieser Form immer nur zusätzlich sein und professionelles Handeln nicht ersetzen.

- Das Engagement anderer Erwachsener in der Kindertageseinrichtung wird vermutlich nicht automatisch dazu führen, dass die Kinder sich daran ein Beispiel nehmen und durch diese Vorbilder ihr eigenes Engagement weiterentwickeln. Die Verbindung zwischen dem Handeln fremder Erwachsener und eigener Tätigkeit ist für die Kinder meist noch nicht herzustellen. Und doch erleben Kinder mit diesen Engagierten in der Kita noch eine andere Art von Erwachsenen, die ihnen weitere Fenster zur Welt eröffnen.
- Immer wieder muss genau geprüft werden, ob die Erwachsenen, die sich im Raum der Kindertageseinrichtung engagieren wollen, dazu geeignet sind. Die pädagogischen Fachkräfte behalten die Verantwortung für die Kinder und auch für das Handeln von Engagierten in der Einrichtung.

Das Fortbildungskonzept
»Mitentscheiden und Mithandeln«

Gesellschaftliches Engagement von Jungen und Mädchen in Kindertageseinrichtungen zu fördern, rückt die realen Aufgaben im Alltag der Einrichtung – die Selbstverständlichkeiten, die sonst oft von den Erwachsenen »nebenbei« bewältigt werden – in den Fokus der pädagogischen Aufmerksamkeit: Welche Aufgaben müssen erledigt, welche Probleme gelöst werden, damit der gemeinsame Alltag gut gelingt? Wer kann wie dazu beitragen? Solche Fragen mögen zunächst banal klingen. Es geht dabei um die Gestaltung von Mahlzeiten, das Aufräumen, das Kümmern um Tiere etc. Wenn ein Fachkräfteteam jedoch anfängt, sich mit gesellschaftlichem Engagement als demokratisch geregeltem Engagement systematisch zu beschäftigen, und versucht, sich auf bestimmte Mitentscheidungs- und Mithandlungsrechte der Kinder zu einigen, dann merken alle schnell, dass hier sehr sensible Fragen angesprochen werden, über die eine Einigung gar nicht so einfach zu erzielen ist.

Wie dieser Prozess im Konzept »Mitentscheiden und Mithandeln – Gesellschaftliches Engagement in Kindertageseinrichtungen« initiiert und begleitet wird, stellt das folgende Kapitel in Bezug auf die didaktischen Grundannahmen und den Aufbau der Fortbildungen dar. Das Konzept baut auf das vielfach erprobte Modell »Die Kinderstube der Demokratie« (Hansen, Knauer und Sturzenhecker 2011) auf, dessen Wirkungen bereits belegt werden konnten (Sturzenhecker et al. 2010).

Didaktische Grundannahmen

Fortbildungen zum Thema »Gesellschaftliches Engagement von Kindern in Kindertageseinrichtungen« nach dem Konzept »Mitentscheiden und Mithandeln« thematisieren Handlungsmöglichkeiten im Alltag der Kita und berühren damit zentrale Fragen des Zusammenlebens der Kinder und Erwachsenen in der Einrichtung. Das Konzept zielt auf die Entwicklung einer umfassenden Engagementkultur in der jeweiligen Einrichtung. Zu diesem Zweck wird das gesamte Fachkräfteteam dabei begleitet und unterstützt, den Kindern bei einem ausgewählten Thema systematisch Möglichkeiten demokratisch geregelten Engagements zu eröffnen und diese exemplarischen Erfahrungen auf den Alltag zu übertragen. Dabei basiert das Konzept auf den folgenden didaktischen Grundannahmen:

Probleme des Alltags werden pädagogisch bedeutsam

– *Alltagsorientierung:* Gesellschaftliches Engagement zu fördern, verlangt, Kindern Engagementmöglichkeiten im Alltag zu eröffnen: Je jünger die Kinder sind, desto bedeutsamer ist das Alltagsgeschehen für ihre Entwicklung und Bildung. Trotz der Bedeutung, die der Alltag in Kitas für die pädagosiche Arbeit haben kann, spielt dieser Aspekt in den Diskussionen der Fachkräfteteams häufig nur eine untergeordnete Rolle. Die Alltagsbewältigung erscheint hier eher als organisatorische Herausforderung, die die Fachkräfte möglichst effektiv und effizient erledigen wollen. Die pädagogischen Chancen, die in diesen Alltagssituationen liegen, werden dabei oft übersehen. Es gilt aber, genau diesen Alltag in den Blick zu nehmen, sich gemeinsam mit den Kindern über seine Gestaltung zu verständigen und alle Beteiligten herauszufordern und zu unterstützen, sich in der und für die Gemeinschaft zu engagieren. Gesellschaftliches Engagement ist dann kein weiteres Angebot unter vielen in der Kindertageseinrichtung, sondern ein zentrales Element des alltäglichen professionellen Handelns. Wollen die Fachkräfte das Engagement der Kinder fördern, müssen sie den Alltag auf bestehende Möglichkeiten prüfen. Dabei geht es zunächst um den Alltag in der Kita; später kann es auch um Engagement außerhalb der Einrichtung gehen.

- *Bildungsorientierung:* Voraussetzung für die Förderung gesellschaftlichen Engagements ist eine Haltung, die die Kinder als Expertinnen und Experten des gemeinsamen Lebens in der Einrichtung ernst nimmt und ihnen zutraut und zumutet, die alltäglichen Herausforderungen kompetent zu bewältigen. Solch eine Haltung mag angesichts eines eher fürsorglich-paternalistischen pädagogischen Selbstverständnisses vieler Fachkräfte ein Umdenken erfordern. Das Konzept »Mitentscheiden und Mithandeln« versucht, bei den Fachkräften derartige (Selbst-)Bildungsprozesse anzuregen, indem es Gelegenheit schafft, exemplarisch ein Projekt fachlich fundiert zu planen, eigenständig mit den Kindern durchzuführen und das eigene (vielleicht veränderte) pädagogische Handeln sowie dessen Auswirkungen zu reflektieren und es ggf. auf andere Alltagssituationen zu transferieren. Dabei gilt es, die Fachkräfte dafür zu sensibilisieren, dass die Förderung des Engagements von Kindern zunächst in den Köpfen der Erwachsenen beginnt, indem sie die vielfältigen Möglichkeiten wahrnehmen und eine partizipative Grundhaltung (weiter-)entwickeln.

> Engagementförderung basiert auf Bildungsprozessen bei den Fachkräften

- *Teamorientierung:* Gesellschaftliches Engagement kann nur nachhaltig gefördert werden, wenn in einer Kindertageseinrichtung eine grundsätzliche engagementfördernde Kultur entsteht. Dazu ist es erforderlich, eine entsprechende Haltung im gesamten Team zu entwickeln. Eine isolierte Fortbildung einzelner Fachkräfte kann diese Wirkung kaum entfalten. Daher wird an Fortbildungen nach dem Konzept »Mitentscheiden und Mithandeln« stets das gesamte pädagogische Team beteiligt. Je nach Thema des geplanten Projekts kann es darüber hinaus notwendig sein, dass neben dem Team weitere Fachkräfte, etwa aus dem

> Die Entwicklung einer Engagementkultur braucht das ganze Team

hauswirtschaftlichen oder dem haustechnischen Bereich, hinzugezogen werden.

Über die konkreten Inhalte der Fortbildung entscheidet das Team

– *Partizipationsorientierung:* In welchen Themenbereichen die Fachkräfte das Engagement von Kindern ermöglichen und wie weit sie dabei im Einzelnen gehen wollen, entscheiden sie im Konzept »Mitentscheiden und Mithandeln« stets selbst. Dass diese Entscheidungen ihnen obliegen müssen, hat zwei Gründe. Zum einen sind die Fachkräfte Expertinnen für ihre Einrichtung und wissen selbst am besten, welche Möglichkeiten den Kindern hier sinnvoll angeboten werden können. Zum anderen werden sie den Kindern im Alltag nur dort zugestehen, sich zu engagieren, wo sie wirklich bereit sind, diese mitentscheiden und mithandeln zu lassen. Daher ist auch die Fortbildung selbst partizipationsorientiert. Das Team legt im Konsens die Themen und Inhalte des Praxisprojekts fest. Die Fortbildner beschränken sich darauf, inhaltliche und methodische Anregungen zu geben und den Planungsprozess zu moderieren. Sie nehmen dem Team nicht die inhaltlichen Entscheidungen ab.

Theorie und Praxis verbinden

– *Wechsel zwischen Theorie, praktischer Umsetzung und Reflexion:* Die Entwicklung einer umfassenden Engagementkultur verlangt von den Fachkräften, ihr professionelles Selbstverständnis zu hinterfragen und weniger *für*, sondern mehr *mit* den Kindern zu entscheiden und zu handeln. Die eigene Haltung und das eigene fachliche Handeln zu verändern, kann nicht von oben verordnet oder vermittelt werden. Das Konzept »Mitentscheiden und Mithandeln« versucht, durch einen fortlaufenden Wechsel zwischen Theorie, Praxis und Reflexion nachhaltige Veränderungen in den pädagogischen Teams zu bewirken. Dies gelingt vornehmlich dadurch, dass die Fachkräfte ihr Handeln auf der Grundlage theoretischer Anregungen reflektieren, gemeinsam neue Verhaltensweisen erproben und ihre Erfahrungen wiederum reflektieren können.

Aufbau der Fortbildung

Auf der Basis dieser didaktischen Grundannahmen besteht das Fortbildungskonzept aus folgenden Bausteinen:
- dreitägige Teamfortbildung
- Durchführung eines Praxisprojekts vom Fachkräfteteam im Kita-Alltag (von Coachings begleitet)
- Präsentation und Reflexion des Projekts
- Information der Mütter und Väter

Abbildung 2: Die Struktur der Fortbildung »Mitentscheiden und Mithandeln«

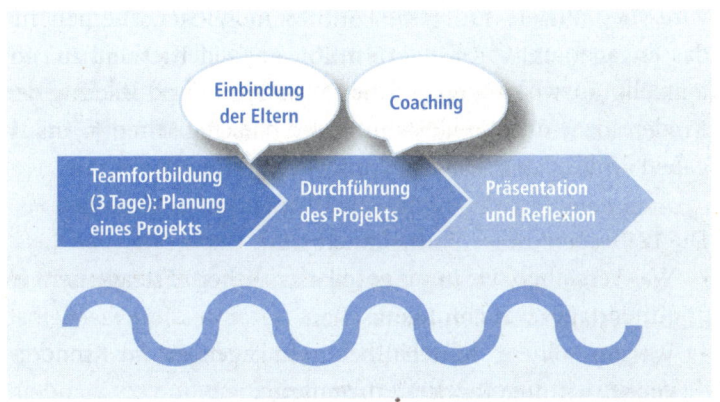

Die Fortbildner führen in das Thema Gesellschaftliches Engagement ein und moderieren den Prozess – die Inhalte entscheidet das Team

Auch wenn Fortbildungen nach dem Konzept »Mitentscheiden und Mithandeln« sehr prozessorientiert moderiert werden, folgen sie grundsätzlich einem klaren inhaltlichen Aufbau, der sicherstellen soll, dass ein Praxisprojekt erfolgreich durchgeführt und reflektiert werden kann. Dieser inhaltliche Leitfaden wird hier kurz skizziert.

Dreitägige Teamfortbildung

Am Anfang steht eine dreitägige Fortbildung für das gesamte pädagogische Team und eventuell weitere Fachkräfte einer Kindertageseinrichtung. In fünf Schritten werden den Fachkräften die theoretischen Grundlagen des Konzepts vorgestellt und mit ihnen ein konkretes Praxisprojekt vorbereitet:

Schritt 1 Einführung in das Thema »Gesellschaftliches Engagement in Kindertageseinrichtungen«

Einführend werden die theoretischen Grundlagen des Konzepts vorgestellt. Der Begriff »gesellschaftliches Engagement« wird thematisiert, ein erster Aufriss möglicher Themen für das Engagement von Kindern in Kitas angedeutet und auf potenzielle Auswirkungen auf die Entwicklung und Bildung der Kinder sowie auf die Gestaltung der pädagogischen Kernaufgaben »Bildung« und »Erziehung« hingewiesen.

Die Leitfragen dieser Phase lauten:
- Was verstehen wir unter gesellschaftlichem Engagement in Kindertageseinrichtungen?
- Warum sollte gesellschaftliches Engagement in Kindertageseinrichtungen gefördert werden?
- Wie kann gesellschaftliches Engagement in Kindertageseinrichtungen gefördert werden?

Schritt 2 Sammlung einrichtungsspezifischer Engagementthemen

Keine Kindertageseinrichtung fängt bei der Engagementförderung bei null an. In allen Kitas engagieren sich Kinder – zumindest punktuell –, auch wenn die Fachkräfte sich bislang nicht explizit mit dem Thema beschäftigt haben.

Im zweiten Schritt geht es darum, Themen für eine konkrete Engagementförderung in der spezifischen Einrichtung zu sammeln. Dabei kann es hilfreich sein, wenn die Fachkräfte zunächst zusammentragen, zu welchen Themen sich die Kinder in ihrer Einrichtung bereits engagieren (können). Sich bewusst zu werden, dass dieses Thema nicht gänzlich neu ist, kann die Fachkräfte hinsichtlich der Anforderungen der Fortbildung entlasten und gleichzeitig Hinweise auf weitere Engagementthemen geben.

Die Leitfragen dieser Phase lauten:
- Welche Aufgaben und Herausforderungen müssen in dieser Kindertageseinrichtung bewältigt werden, damit der gemeinsame Alltag für alle Beteiligten zufriedenstellend verläuft?
- Wer erledigt diese Aufgaben zurzeit?
- Wer entscheidet derzeit, wer was macht und wie etwas gemacht werden soll?
- Bei welchen Themen sind die Fachkräfte bereit, die Kinder (bereits jetzt und ggf. in Zukunft mehr als bisher) mitentscheiden und mithandeln zu lassen?

Entscheidung für das Thema des Praxisprojekts Schritt 3

In der Fortbildung soll die Förderung demokratisch geregelten gesellschaftlichen Engagements beispielhaft in einem Themenbereich erprobt werden. Daher entscheiden sich die Fachkräfte in diesem Schritt für eines der zuvor gesammelten Themen. Da die Initiative für das Engagement der Kinder unter den Rahmenbedingungen der Fortbildung zunächst nur von den Fachkräften ausgehen kann, wird es sich dabei vorwiegend um Top-down-Themen handeln.

Die Leitfrage dieser Phase lautet:
- In welchem Themenbereich wollen die Fachkräfte im Rahmen der Fortbildung die Förderung gesellschaftlichen Engagements ausweiten?

Schritt 4   Planung des Praxisprojekts

In diesem Schritt wird die Engagementförderung für einen Themenbereich im Alltag der Einrichtung exemplarisch und vertiefend geplant, erprobt und reflektiert.

Die Leitfragen der Projektplanung lauten:
- Welche konkreten Ziele sollen in dem Praxisprojekt erreicht werden? (Hier geht es nicht um sog. pädagogische Wirkungsziele, sondern um die konkreten Ergebnisse bzw. Produkte des Projekts.)
- Lässt die Zielformulierung den Kindern ausreichende Spielräume, um mitzuentscheiden und mitzuhandeln?
- Welche konkreten Projektschritte sind erforderlich, um diese Ziele zu erreichen?
- Wer darf in den einzelnen Projektschritten entscheiden und handeln: nur die Erwachsenen, die Erwachsenen und die Kinder gemeinsam oder nur die Kinder?
- Was brauchen die Kinder, um in den einzelnen Projektschritten (mit-)entscheiden und (mit-)handeln zu können?
- Wie wird ihnen dies (methodisch) zugänglich gemacht?
- Wer genau soll in den einzelnen Projektschritten beteiligt werden?
- Welche Beteiligungsverfahren sollen in den einzelnen Projektschritten ggf. angewendet werden?

Schritt 5   Methodische Übungen zur Beteiligung von Kindern

Bei der Planung des Praxisprojekts kann sich herausstellen, dass die Fachkräfte konkrete methodische Kompetenzen benötigen, um die Kinder beim Mitentscheiden und Mithandeln zu unterstützen. Je nach Bedarf werden dann im Rahmen einer Dialogwerkstatt entsprechende Partizipationsverfahren vorgestellt und ggf. trainiert.

Die Leitfrage dieser Phase lautet:
- Welche konkreten methodischen Kompetenzen brauchen die Fachkräfte, um die Kinder im Projekt zu beteiligen?

Durchführung eines Praxisprojekts vom Fachkräfteteam im Kita-Alltag (von Coachings begleitet)

Im Anschluss an die dreitägige Teamfortbildung führen die Fachkräfte das Praxisprojekt selbstständig durch. Obwohl die – gemessen am üblichen beruflichen Alltag pädagogischer Fachkräfte – ausführlich geplanten Projekte im Großen und Ganzen meist sehr gut gelingen, treten in der Praxisphase immer wieder unvorhergesehene Probleme auf. Diese können bei einzelnen Teilnehmenden durchaus (erneut) grundsätzliche Zweifel an dem Nutzen des Themas hervorrufen. Eine Reflexion der konkreten Situationen während gemeinsamer Coachings des Teams führt jedoch in den meisten Fällen zu erfolgreichen methodischen Nachbesserungen, mit denen die Schwierigkeiten überwunden werden.

Durch die Coachings wird der stete Wechsel zwischen theoretischer Auseinandersetzung, praktischer Erfahrung und Reflexion weitergeführt. Unsicherheiten und Zweifel der Fachkräfte können so zeitnah thematisiert, methodische Fragen praxisnah geklärt werden.

Die Leitfragen für das Coaching lauten:
- Was ist im Praxisprojekt (bislang) geschehen?
- Was ist gut gelaufen?
- Wie lassen sich diese Erfahrungen ggf. auf andere Themenbereiche im Alltag übertragen?
- Wie können auch die Kinder ihre Anliegen in der Gemeinschaft öffentlich machen?
- Welche Probleme gab bzw. gibt es?
- Wie wurden diese Probleme ggf. gelöst?
- Was brauchen die Fachkräfte, um diese Probleme zu lösen oder der Entstehung solcher Probleme vorzubeugen?

Präsentation und Reflexion des Praxisprojekts

Zum Fortbildungskonzept gehört es, dass die Fachkräfteteams ihr Projekt dokumentieren und abschließend präsentieren. Die Präsentation findet im Rahmen der drei Coachingtage statt. Sie ist Grundlage für die abschließende Reflexion der Projekterfahrungen und die Auswertung des gesamten Fortbildungsprozesses und dient dazu, die weitergehenden Aktivitäten des Teams im Hinblick auf die Förderung gesellschaftlichen Engagements in der Einrichtung zu thematisieren.

Die Leitfrage dieser Phase neben den Leitfragen für das Coaching lautet:
• Welche Bedeutung haben die Erfahrungen des Praxisprojekts und der gesamten Fortbildung für die künftige Gestaltung der pädagogischen Arbeit in der Einrichtung?

Information der Mütter und Väter

Wenn die pädagogischen Fachkräfte das gesellschaftliche Engagement von Kindern nach dem Konzept »Mitentscheiden und Mithandeln« fördern wollen, kann das unter Umständen bei den Müttern und Vätern der Kinder zu Irritationen führen. So könnten Eltern beispielsweise mutmaßen, die Fachkräfte würden Aufgaben, die im Alltag der Einrichtung ihnen selbst obliegen, den Kindern übertragen wollen, oder sie könnten befürchten, dass die Kinder das Recht, mitzuentscheiden und mitzuhandeln, auch zu Hause einfordern. Um konfliktträchtigen Spekulationen vorzubeugen, ist es sinnvoll, die Eltern rechtzeitig und fachlich angemessen über die Inhalte und die potenziellen Auswirkungen der Förderung gesellschaftlichen Engagements zu informieren.

Da es für Fachkräfteteams durchaus eine Herausforderung darstellen kann, die Eltern über ein Thema zu informieren, das für sie selbst noch neu ist, können die Fortbildungs- und

Coachingtage auch dafür genutzt werden, die Information der Eltern zu planen. Auch eine direkte Beteiligung der Fortbildner, beispielsweise an einem Elternabend, kann hilfreich sein.

Gesellschaftliches Engagement – eine Chance für alle

Die Erfahrungen aus den Modelleinrichtungen, in denen das Konzept erprobt wurde, zeigen, dass sich dadurch schnell die Atmosphäre in der Einrichtung ändert: Wenn die Fachkräfte die Gestaltung des Alltags als gemeinsame Herausforderung begreifen und weniger *für* die Kinder, sondern mehr *mit* ihnen entscheiden und handeln, fördert das die Bildungsprozesse bei den Kindern. Wenn die Kinder merken, dass ihr Mitentscheiden und Mithandeln bei den Aufgaben des Alltags gefragt ist, engagieren sie sich ebenfalls mehr bei anderen Themen. Und schließlich schildern auch die Eltern aus den Modelleinrichtungen eindrücklich ihre Bildungsprozesse durch das Projekt.

Die Fachkräfte arbeiten jetzt mehr mit den, weniger für die Kinder

> In der Abschlussrunde erzählen die pädagogischen Fachkräfte, was sich für sie durch das Projekt geändert hat. »Eigentlich ist alles anders geworden«, sagt eine Erzieherin. »Früher habe ich immer wieder Stress gehabt, wenn ich versucht habe, möglichst viel für die Kinder gut vorzubereiten und dabei auch noch für möglichst alle Kinder ansprechbar zu sein. Heute bleibe ich immer öfter einfach sitzen und frage die Kinder: »Und? Was können wir denn da machen?« Und dann überlegen wir gemeinsam, was wir tun wollen. Es ist faszinierend zu sehen, auf welche Ideen die Kinder bei der Problemlösung kommen. Manchmal gehen wir

Mehr mit, weniger für die Kinder

> dann ganz andere Wege, als ich mir vorher gedacht habe. Die Kinder sind immer wieder sehr konzentriert bei der Sache – jedes Kind findet seinen eigenen Zugang zum Mithandeln.

Die Fachkräfte aus den Einrichtungen berichten, dass sich die Haltungsänderung (*mit* den und nicht *für* die Kinder zu entscheiden und zu handeln) überall im pädagogischen Alltag bemerkbar macht. Diese Veränderungen beschreiben sie auch als entlastend, etwa in Bezug auf die Vorbereitungszeiten. »Die Arbeit macht mehr Freude. Letztlich ist sie auch irgendwie leichter geworden«, sagen die Pädagoginnen. »Indem wir auf das Engagement der Kinder achten, es herausfordern und ihm Raum geben, bekommen wir auch immer mehr Hinweise darauf, was die Kinder interessiert. Letztlich ist auch unsere Bildungsarbeit durch dieses Projekt viel besser geworden!«

> Der Frühstückstisch wird nicht mehr für, sondern mit den Kindern gedeckt. Eine Erzieherin aus einer Modelleinrichtung erzählt: »Neulich wurde ich ans Telefon gerufen, als ich gerade den Tisch deckte. Das Telefonat dauerte länger als gedacht. Als ich zurückkam und weitermachen wollte, hielten mich einige Kinder auf dem Flur fest. ›Du darfst da jetzt nicht rein. Du musst warten‹, verkündeten sie. ›Ach du meine Güte‹, dachte ich. ›Was machen die jetzt wohl?‹ Nach fünf Minuten wurde ich in den Frühstücksraum gerufen. Mich begrüßten sieben Kinder, die grinsten wie Honigkuchenpferde. Alles war fertig gedeckt! ›Das haben wir ganz alleine gemacht!‹, strahlten die Kinder.«

Gesellschaftliches Engagement fördert komplexe Bildungsprozesse

Engagement fördert komplexe Bildungsprozesse

Die pädagogischen Fachkräfte aus den Modelleinrichtungen erzählen immer wieder »Bildungsgeschichten«. Dass Engagement ein wichtiger Motor für (Selbst-)Bildungsprozesse ist, wie weiter oben beschrieben, wird von ihnen bestätigt.

> Bei der Planung des Abschlussfestes in der Vorschulgruppe seufzt Lena verträumt: »Wäre das schön, wenn wir alle ins Trampolino (einen Spielpark) könnten.« Andere Kinder stimmen ihr zu. Aber das Trampolino ist teuer. »Das kostet acht Euro«, weiß ein Kind. Die Kinder überlegen, wie viel Geld sie für die ganze Gruppe von 21 Kindern brauchen. Sie kommen auf die Idee, jedem Kind acht Kastanien zu geben (denn so viel kostet ja der Eintritt pro Kind). Anschließend »bezahlt« jedes Kind mit acht Kastanien, die es in eine Schüssel legt. Das sind ganz schön viele – aber wie viele sind das genau? Um nun auszurechnen, wie viel Geld das zusammen ist, nehmen die Kinder immer zehn Kastanien aus der Schüssel und tauschen sie gegen einen 10-Euro-Spielgeldschein. Nun liegen 16 mal zehn Euro vor ihnen sowie acht Kastanien »Das ist aber viiieeel Geld!«, stellt Lena fest.
>
> Die Kinder überlegen, wie sie das bezahlen können. »Wir fragen Ilse (die Kita-Leiterin)«, ist ihre erste Idee. Gesagt, getan. Die Kita-Leiterin überlegt: »Ich kann euch 68 Euro dazugeben, dann braucht ihr aber immer noch 100 Euro.« Wie viel das ist, zeigt sie den Kindern, indem sie von dem Spielgeldhaufen sechs Zehn-Euro-Scheine und die acht Kastanien wegnimmt.
>
> Die Kinder denken weiter darüber nach, wie sie Geld verdienen können. »Wir können Kuchen backen und den verkaufen«, ist eine Idee. Mit Hilfe der Erzieherin stellen sie fest, dass sie 100 Stücke Kuchen brauchen, wenn ein Stück einen Euro kostet. »Aber wie viele Kuchen müssen wir denn backen, um 100 Stücke zu bekommen?« fragt die Erzieherin. Gemeinsam holen sie ein Kuchenblech und kleben mit Klebeband ab, wie viele Kuchenstücke

auf einem Backblech gebacken werden können. Es sind zwölf. Nun überlegen sie, wie viele Bleche sie backen müssen, um 100 Stücke zu erhalten. Auch hier helfen die Kastanien. Sie tauschen ihre 10-Euro-Scheine wieder in Kastanien um und legen diese auf die Kuchenstücke. Achtmal können sie das Blech mit den 100 Kastanien füllen und dann bleiben immer noch vier Kastanien über.

»Wie lange dauert das denn, wenn wir jede Woche in der Vorschulgruppe einen Kuchen backen und den dann verkaufen?« fragt die Erzieherin jetzt. Sie finden schließlich heraus: Wenn sie jede Woche ein Blech voll Kuchen verkaufen, brauchen sie mehr als acht Wochen, bis sie die fehlenden 100 Euro verdient haben. Dann, so wird anhand eines Kalenders festgestellt, sind aber schon Sommerferien. Das Geld durch Kuchenverkauf zu verdienen, scheint eher schwierig. Nun beginnen die Kinder zu überlegen, was man sonst noch machen könnte, um genug Geld zu verdienen, damit sie das Abschlussfest im Trampolino feiern können.

Wenn Kinder Mitentscheiden und Mithandeln dürfen, entwickeln sie immer wieder neue, eigensinnige, unerwartete und kreative Lösungen für ihre konkreten Probleme. Sie tun dies mit großer Ernsthaftigkeit und solidarisch mit den anderen Kindern und Erwachsenen, die von einer Fragestellung mitbetroffen sind. Wenn man ihnen den Raum gibt, eigene Lösungen zu suchen, erbringen Kinder erstaunliche Leistungen – in allen Bildungsbereichen.

Demokratisches gesellschaftliches Engagement beinhaltet Möglichkeiten zum Mitentscheiden und zum Mithandeln

Die Fahrzeuge (Bobby-Cars, Dreiräder etc.) sind beliebte Spielzeuge im Außengelände. Da es sie aber nur in begrenzter Anzahl gibt, kommt es immer wieder zu Streit, wer welches Fahrzeug wie lange benutzen darf. Die Kinder beschweren sich bei den Kinderbesprechungen in den Gruppen, dass sie diese Situation doof finden. Einige stehen immer als Erste vor der Tür des Schuppens, in dem die Fahrzeuge aufbewahrt werden, andere geben die Fahrzeuge dann nur unter ihren Freunden weiter. Die Kinder beschließen: »Das soll anders sein.«

Die Fachkräfte unterstützen die Kinder dabei, eine Lösung zu finden, indem sie in den einzelnen Gruppen mit den Kindern Ideen sammeln, wie man diese Situation ändern könnte. Die Ideen werden im Kinderrat vorgestellt und diskutiert.

Zuerst entscheiden sich die Kinder für die Lösung »Abklatschen«: Wenn einer ein Fahrzeug haben will, kann er abklatschen, und derjenige, der gerade auf dem Fahrzeug sitzt, muss es ihm geben. In der Probephase stellen die Kinder bereits nach einem Tag fest, dass diese Lösung unpraktikabel ist, weil ständig abgeklatscht wird und nun kein Kind mehr in Ruhe mit den Fahrzeugen spielen kann.

Nach einer erneuten Diskussion findet der Kinderrat eine zweite Lösung: Jedes Kind darf 10 Minuten mit einem Fahrzeug fahren. Die Idee: Die Kinder steigen alle zur gleichen Zeit auf die Fahrzeuge und nach 10 Minuten zeigt die Erzieherin mit einer Trillerpfeife an, dass die Zeit um ist und nun andere Kinder fahren dürfen. Diese Variante wird eine Woche lang ausprobiert. So richtig zufrieden sind die Kinder auch mit dieser Entscheidung nicht. Auch die Fachkräfte sind nicht wirklich glücklich damit: »Das geht jetzt zu wie auf dem Kasernenhof«, bemerkt eine Erzieherin.

Schließlich kommen einige Kinder auf die Idee, eine Haltestelle zu bauen: Wenn ein Kind mit Fahren fertig ist, stellt es das Fahrzeug auf einem Platz ab. Dort gibt es (wie beim Bus) eine Haltestelle, an der die Kinder, die fahren wollen, sich hinsetzen. Und das Kind, das vorne sitzt, ist als Nächstes dran.

Für gesellschaftliches Engagement ist es wichtig, dass die Kinder nicht nur mitentscheiden, sondern auch mithandeln dürfen und damit konkrete Erfahrungen der Umsetzung machen können.

Aus dem Projekt »Offenes Frühstück«
(Fortsetzung des Beispiels von Seite 103)

Projektthema ist die »Öffnung der Frühstückssituation«. Das bislang feste gemeinsame Frühstück (das für alle Beteiligten immer wieder anstrengend war, weil einige Kinder, die spät gekommen waren, noch keinen Hunger hatten) soll durch ein offenes Angebot ersetzt werden, bei dem die Kinder in einem vorgegebenen Zeitrahmen selbst entscheiden können, wann und mit wem sie frühstücken möchten. Was für diese Änderung alles bedacht werden muss, wird nicht von den Fachkräften allein geplant, sondern zusammen mit den Kindern.

Eine Gruppe praktiziert bereits ein offenes Frühstück und wird gebeten, den anderen Kindern zu erklären, wie sie das organisiert. Im Protokoll der Gruppenversammlung findet sich folgende Notiz:

»1.2.10: Wir erzählen den Kindern von unserem Vorhaben: Die anderen Gruppen möchten das offene Frühstück einführen. Wollen wir ihnen helfen? Wie können wir den anderen Gruppen mitteilen, wie unser Frühstück aussieht?

2.2.10: Wir haben die Ideen gesammelt (Kinder einladen, Fotos machen, ein Buch malen…) und sie in Symbolen protokolliert.«

Die Kinder entscheiden, ein Buch herzustellen, in dem sie zeigen, wie das mit ihrem Frühstück funktioniert. Dazu muss zunächst entschieden werden: »Was soll in das Buch?« Dies klären die Kinder (nicht die Erwachsenen). Die einzelnen Aspekte werden mit Symbolen notiert. Anschließend fotografieren die Kinder diese Tätigkeiten und hängen die Fotos an die Wand. Schließlich wird entschieden, welche Fotos in das Buch über das Frühstück sollen.

Die Kinder zeigen dieses Buch dann den Kindern in den anderen Gruppen. Diese haben jetzt verschiedene Ideen, wie ihr Frühstück künftig aussehen soll.

In einer Gruppe ergibt sich die Frage, wo denn der Frühstückstisch in der Gruppe stehen soll. Die erste Wahl fällt auf einen Platz in der Nähe der Puppenecke. Die Fachkräfte vermuten, dass dieser Platz zu eng ist, halten sich aber zurück. Sechs Kinder tragen den Tisch in die Ecke und setzen sich um den Tisch herum. Schnell stellen sie fest, dass vier Kinder aufstehen müssen, wenn das Kind ganz hinten in der Ecke raus will. »Wir müssen einen anderen Platz finden«, überlegen sie. Nun wird der Tisch in die Nähe der Bauecke getragen. Auch hier gibt es nach einer Sitzprobe Platzprobleme. Schließlich kommen sie auf die Idee, den Tisch vor das Fenster zu stellen (»Dann können wir auch in den Garten schauen«). Nun merkt eine Fachkraft an, dass da aber ein großer Teppich liegt und dass man den so schlecht reinigen kann, wenn mal der Saft umfällt. »Dann muss der Teppich weg!«, beschließen die Kinder. »Dann muss aber alles vom Teppich runter«, stellen sie fest und tragen zusammen mit vier anderen Kindern, die sie sich zur Hilfe geholt haben, alles, was auf dem Teppich steht, in den Flur.

Anschließend rollen sie mit vereinten Kräften den schweren zwei mal drei Meter großen Wollteppich auf, tragen ihn gemeinsam an eine andere Stelle im Gruppenraum und rollen ihn dort wieder auseinander.

Schließlich steht der Tisch an der gewünschten Stelle – und alle finden diesen Frühstücksort ideal.

Zum Bildungsprozess gehören auch Anstrengung und Frustration: Erkenntnisse zu erringen, kann dauern sowie Mühe und Konzentration erfordern. Und nicht immer sind die Ergebnisse von Bildungsprozessen erfreulich oder positiv. Sich die Welt anzueignen, heißt auch, sich mit ihren Regeln, Hürden und Grenzen auseinanderzusetzen. Nicht immer kann man Wünsche und Ideen einfach realisieren, sondern stößt auf Behinderungen oder gar Verhinderungen. Dass etwas so oder jetzt nicht klappt, ist ebenfalls eine wichtige Erfahrung. Kinder müssen auch lernen, mit solchen Frustrationen umzugehen. Ihnen Bildungsmöglichkeiten zu eröffnen, darf nicht bedeuten, sie davor zu schützen, denn sonst würden sie sich nicht eine reale, sondern eine pädagogisch geschönte Welt aneignen.

Engagement ist auch zu Hause wichtig

Die Förderung gesellschaftlichen Engagements in der Kindertageseinrichtung kann auch in die Familien wirken

Die Mütter und Väter der Modelleinrichtungen waren ebenfalls von dem Projekt berührt. Nach einer allgemeinen Information über die Projektinhalte (mit denen die Eltern zunächst nur wenig anfangen konnten), wurden sie, als das Projektthema feststand und die Planung sich konkretisiert hatte, auf einem Elternabend genauer informiert.

> Die Kindertageseinrichtung hat zum Elternabend eingeladen, um unter dem Titel »Wir öffnen unser Frühstück – Informationen aus dem Projekt ›Mitentscheiden und Mithandeln‹« erste Projektergebnisse vorzustellen. Es sind fast 50 Mütter und Väter erschienen – mehr als auf anderen Elternabenden. Die Eltern sind neugierig, weil sie in der Kita vom Projekt gehört haben, weil es um das Frühstücken geht (ein sehr sensibles Thema), aber auch, weil ihre Kinder zu Hause erzählt haben, dass sie jetzt mitentscheiden dürfen, wie sie frühstücken – das hat bei den Müttern und Vätern auch zu einigen kritischen Nachfragen geführt. Die Leiterin der Einrichtung stellt, unterstützt vom Projektleiter, vor, was gesellschaftliches Engagement ist, warum dem Team das Engagement der Kinder wichtig ist und wie sie im Projekt vorgegangen sind. Dann übergibt sie an die pädagogischen Fachkräfte aus den Gruppen, die Geschichten erzählen: Wie begeistert die Kinder

sind, wie ernsthaft sich die Kinder der Problemlösungen annehmen, wie konzentriert die Kinder bei der Sache bleiben, welche kreativen Ideen sie zur Lösung verschiedener Probleme haben und schließlich, wie stolz die Kinder sind, wenn sie eine Aufgabe erledigt oder ein Problem gelöst haben.

Am Ende des Elternabends meldet sich eine Mutter und bedankt sich: »Ich habe heute gelernt, wie wichtig es ist, dass Kinder Dinge auch allein machen dürfen. Zu Hause lasse ich meiner Tochter häufig sehr wenig Zeit, Sachen alleine zu tun. Ich werde jetzt versuchen, sie mehr in Alltagsdinge miteinzubeziehen!«

Im Projekt waren die Elternabende gut besucht. Viele Mütter und Väter konnten nachvollziehen, wie wichtig es ist, Kindern mehr Möglichkeiten aktiven Mithandelns zuzumuten und zu überlassen. Sie begannen zu überlegen, bei welchen Tätigkeiten die Kinder eigentlich gern mitmachen – beim Anziehen, beim Tischdecken, beim Einkaufen, bei der Gartenarbeit ... Sie verstanden, dass es wichtig ist, den Kindern dafür Gelegenheit und Zeit zu geben – auch wenn es im familiären Alltag manchmal schwierig ist.

Gesellschaftliches Engagement als Mitentscheiden und Mithandeln ist eine große pädagogische Chance und Herausforderung für Kindertageseinrichtungen. *Mit* Kindern und nicht *für* sie zu entscheiden und zu handeln, bietet Vorteile für alle: für die Kinder, für die Fachkräfte und auch für die Mütter und Väter.

Literatur

Adloff, Frank. *Zivilgesellschaft. Theorie und politische Praxis.* Frankfurt und New York 2005.

Arbeitsgruppe Vorschulerziehung. *Anregungen I: Zur pädagogischen Arbeit im Kindergarten.* München 1973.

Arendt, Hannah. *Vita activa oder Vom tätigen Leben.* München [1960] 1981.

Bernfeld, Siegfried. *Antiautoritäre Erziehung und Psychoanalyse. Ausgewählte Schriften in drei Bänden.* Darmstadt 1969.

Bois-Reymonds, Manuela du. *Europas neue Lerner.* Opladen 2007.

Braun, Sebastian. »Sozialintegrative Potenziale des bürgerschaftlichen Engagements«. *Vorbilder bilden – Gesellschaftliches Engagement als Bildungsziel. Carl Bertelsmann-Preis 2007.* Hrsg. Bertelsmann Stiftung. Gütersloh 2007. 85–100.

Bundesjugendkuratorium. *Zukunftsfähigkeit von Kindertageseinrichtungen.* München 2008.

Deutscher Bundestag. *Bericht der Enquete-Kommission »Zukunft des bürgerschaftlichen Engagements«.* Drucksache 14/8900. Berlin 2002.

Düx, Wiebken, Erich Sass, Gerald Prein und Claus J. Tully. *Kompetenzerwerb im freiwilligen Engagement. Eine empirische Studie zum informellen Lernen im Jugendalter.* Wiesbaden 2008.

Elschenbroich, Donata. *Das Weltwissen der Siebenjährigen. Wie Kinder die Welt entdecken können.* München 2001.

Enquete-Kommission »Zukunft des ›Bürgerschaftlichen Engagements« des Deutschen Bundestages (Hrsg.). *Bericht – Bürgerschaftliches Engagement: auf dem Weg in eine zukunftsfähige Gesellschaft.* Schriftenreihe, Band 4. Opladen 2002.

Giesecke, Hermann. *Didaktik der politischen Bildung.* München 1965.

Gonzales-Mena, Janet, und Dianne Widmeyer-Eyer. *Säuglinge, Kleinkinder und ihre Betreuung, Erziehung und Pflege. Ein Curriculum für respektvolle Pflege und Erziehung.* Zwickau 2008.

Hansen, Rüdiger, Raingard Knauer und Bianca Friedrich. *Die Kinderstube der Demokratie. Partizipation in Kindertageseinrichtungen.* Kiel 2004.

Hansen, Rüdiger, Raingard Knauer und Benedikt Sturzenhecker. *Kinder gestalten aktiv ihre Lebensumwelt. Abschlussbericht des Modellprojekts in Nordrhein-Westfalen.* Düsseldorf 2010.

Hansen, Rüdiger, Raingard Knauer und Benedikt Sturzenhecker. *Partizipation in Kindertageseinrichtungen. So gelingt Demokratiebildung mit Kindern!* Weimar und Berlin 2011.

Hebenstreit, Sigurd. *Maria Montessori – eine Einführung in ihr Leben und Werk.* Freiburg 1999.

Hentig, Hartmut von. *Bildung.* Weinheim und Basel 1996.

Himmelmann, Gerhard. *Demokratie Lernen als Lebens-, Gesellschafts- und Herrschaftsform.* Schwalbach 2005.

Honneth, Axel. *Kampf um Anerkennung. Zur moralischen Grammatik sozialer Konflikte.* Frankfurt am Main 1992.

Kern, Kristine. »Sozialkapital, Netzwerke und Demokratie«. *Zivilgesellschaft und Sozialkapital. Herausforderungen politischer und sozialer Integration.* Hrsg. Ansgar Klein, Kristine Kern, Brigitte Geißel und Maria Berger. Wiesbaden 2004. 109–130.

Kessl, Fabian. »Bürgerschaftliches/zivilgesellschaftliches Engagement«. *Aktivierende Sozialpädagogik. Ein kritisches Glossar.* Hrsg. Bernd Dollinger und Jürgen Raithel. Wiesbaden 2006. 159–163.

Klein, Ansgar, Thomas Olk und Birger Hartnuß. »Engagementpolitik als Politikfeld: Entwicklungserfordernisse und Perspektiven«. *Engagementpolitik. Die Entwicklung der Zivilgesellschaft als politische Aufgabe*. Hrsg. Thomas Olk, Ansgar Klein und Birger Hartnuß. Wiesbaden 2010. 24–59.

Knauer, Raingard, Ariane Schorn und Yvonne Rehmann. *Evaluation von Familienzentren in Flensburg*. Kiel, unveröffentlichtes Manuskript, 2009.

Knauer, Raingard, Bianca Friedrich, Thomas Herrmann und Bettina Liebler. *Beteiligungsprojekte mit Kindern und Jugendlichen in der Kommune. Vom Beteiligungsprojekt zum demokratischen Gemeinwesen*. Wiesbaden 2004.

Kultusministerkonferenz, Jugendministerkonferenz. *Gemeinsamer Rahmen der Länder für die frühe Bildung in Kindertageseinrichtungen*. Beschluss der Jugendministerkonferenz vom 13./14.5.2004; Beschluss der Kultusministerkonferenz vom 3./4.6.2004.

Kupffer, Heinrich. *Erziehung – Angriff auf die Freiheit. Essays gegen Pädagogik, die den Lebensweg des Menschen mit Hinweisschildern umstellt*. Weinheim und Basel 1980.

Laewen, Hans-Joachim. »Alien Kind – das unbekannte Wesen. Neue Forschungen über das Kind und seine Aneignung der Welt«. *klein & groß* 9 1999. 6–16.

Laewen, Hans-Joachim. *Bildung und Erziehung in der frühen Kindheit*. Weinheim, Berlin und Basel 2002.

Lerner, Richard M., Amy E. Alberts und Deborah L. Bobek. »Engagierte Jugend – lebendige Gesellschaft«. *Vorbilder bilden – Gesellschaftliches Engagement als Bildungsziel. Carl Bertelsmann-Preis 2007*. Hrsg. Bertelsmann Stiftung. Gütersloh 2007. 69–83.

Marx, Karl. »Der achtzehnte Brumaire des Louis Bonaparte«. *Ausgewählte Werte, Band 11*. Hrsg. Karl Marx und Friedrich Engels. Berlin [1852] 1977. 309–417.

Meinhold-Henschel, Sigrid. »Kinder- und Jugendengagement wirksam fördern. Handlungsansätze des Projekts ›jungbewegt – Dein Einsatz zählt.‹«. *ProjektArbeit* 2010. 47–56.

Müller, Lorenz, und Thomas Plöger. *Die Kinderstube der Demokratie. Wie Partizipation in Kindertageseinrichtungen gelingt.* Film, 32 Minuten. Deutschland 2008.

Oelkers, Jürgen. *John Dewey und die Pädagogik.* Weinheim und Basel 2009.

Olk, Thomas. »Die Demokratie und ihre Kinder – oder – warum Kind und Gesellschaft Kinderstuben der Demokratie brauchen«. Vortrag auf der Abschlusstagung des Projekts »Die Kinderstube der Demokratie 2« am 21. Mai 2008 in Kiel.

Pollak, Detlef. »Zivilgesellschaft und Staat in der Demokratie«. *Zivilgesellschaft und Sozialkapital. Herausforderungen politischer und sozialer Integration.* Hrsg. Ansgar Klein, Kristine Kern, Brigitte Geißel und Maria Berger. Wiesbaden 2004. 23–40.

Preissing, Christa (Hrsg.). *Qualität im Situationsansatz.* Weinheim, Basel und Berlin 2003.

Putnam, Robert D. *Bowling Alone. The Collapse and Revival of American Community.* New York 2000.

Roth, Roland. »Die dunklen Seiten der Zivilgesellschaft. Grenzen einer zivilgesellschaftlichen Fundierung von Demokratie«. *Zivilgesellschaft und Sozialkapital. Herausforderungen politischer und sozialer Integration.* Hrsg. Ansgar Klein, Kristine Kern, Brigitte Geißel und Maria Berger. Wiesbaden 2004. 41–64.

Roth, Roland. »Freiwilliges Engagement und politische Mitbestimmung: Zwei Seiten einer Medaille«. *Vorbilder bilden – Gesellschaftliches Engagement als Bildungsziel. Carl Bertelsmann-Preis 2007.* Hrsg. Bertelsmann Stiftung. Gütersloh 2007. 15–27.

Roth, Roland. »Die unzivile Zivilgesellschaft«. *Lern- und Arbeitsbuch Bürgergesellschaft.* Hrsg. Serge Embacher und Susanne Lang. Bonn 2008. 68–88.

Schäfer, Gerd (Hrsg.). *Bildung beginnt mit der Geburt. Förderung von Bildungsprozessen in den ersten sechs Lebensjahren.* Weinheim, Berlin und Basel 2003.

Sliwka, Anne. *Bürgerbildung. Demokratie beginnt in der Schule.* Basel 2008.

Stenger, Ursula. »Die Krippe als Bildungsort: Konzeptionelle Überlegungen und Beobachtungen«. *Kinderwelten – Bildungswelten: Unterwegs zur Frühpädagogik.* Hrsg. Roswitha Staege, Gerd E. Schäfer und Kathrin Meiners. Berlin 2010. 50–62.

Sting, Stephan, und Benedikt Sturzenhecker. »Bildung und Offene Kinder- und Jugendarbeit«. *Handbuch Offene Kinder- und Jugendarbeit.* Hrsg. Ulrich Deinet und Benedikt Sturzenhecker. Wiesbaden 2005. 230–246.

Sturzenhecker, Benedikt. *Freiwillige fördern. Ansätze und Arbeitshilfen für einen neuen Umgang mit Freiwilligen in der Kinder- und Jugendarbeit.* Weinheim und München 1999.

Sturzenhecker, Benedikt. *Eltern-Kind-Zentren in Hamburg.* Hrsg. Freie und Hansestadt Hamburg, Behörde für Soziales, Familie, Gesundheit und Verbraucherschutz. Hamburg 2009.

Sturzenhecker, Benedikt, Raingard Knauer, Lisa Richter und Yvonne Rehmann. *Partizipation in der Kita. Evaluation demokratischer Praxis mit Vorschulkindern. Abschlussbericht.* Hamburg 2010.

Vygotskij, Lev Semenovic. *Denken und Sprechen. Psychologische Untersuchungen.* Weinheim und Basel [1925] 2002.

Winkler, Michael. *Kritik der Pädagogik. Der Sinn der Erziehung.* Stuttgart 2006.

Zimmer, Jürgen. *Das kleine Handbuch zum Situationsansatz.* Weinheim und Basel 2000.

Die Autorinnen und Autoren

Raingard Knauer, Dipl.-Soz.Päd., Dipl.-Päd., Dr. Päd., ist Professorin für Pädagogik, Sozialpädagogik und Kindheitspädagogik an der Fachhochschule Kiel, Fachbereich Soziale Arbeit und Gesundheit. Sie ist Gründungsmitglied des Instituts für Partizipation und Bildung e.V. Arbeitsschwerpunkte: Erziehung und Bildung in Kindertageseinrichtungen, Partizipation von Kindern und Jugendlichen, Konzepte hochschulischer Bildung.

Benedikt Sturzenhecker, Dipl.-Päd., Dr. phil., ist Professor für Erziehungswissenschaft mit dem Schwerpunkt Sozialpädagogik/außerschulische Bildung an der Universität Hamburg, Fakultät für Erziehungswissenschaft, Psychologie und Bewegungswissenschaft. Gründungsmitglied des Instituts für Partizipation und Bildung e.V. Langjährige Praxis in der Kinder- und Jugendarbeit. Arbeitsschwerpunkte: Demokratiebildung in Kindertageseinrichtungen und der Offenen wie Verbandlichen Kinder- und Jugendarbeit, Bildung in der Kinder- und Jugendarbeit, Konzeptentwicklung, Jungenarbeit, Ehrenamt.

Rüdiger Hansen, Dipl.-Soz.Päd., ist freiberuflich in der Fort- und Weiterbildung tätig. Gründungsmitglied des Instituts für Partizipation und Bildung e.V. Langjährige Praxis in der pädagogischen Arbeit sowie der Fachberatung in Kindertageseinrichtungen. Arbeitsschwerpunkte: Partizipation und Bildung in Kindertageseinrichtungen, Planungsbeteiligung von Kindern.

Wir danken den Multiplikatorinnen und Multiplikatoren, die an der Entwicklung und Erprobung des Konzepts mitgewirkt haben:

Beate Müller-Czerwonka, Dipl.-Soz.Päd., ist freie Fachberaterin und Fortbildnerin für Kindertageseinrichtungen. Langjährige Berufserfahrung in Fachberatung und Fortbildung.

Sabine Redecker, Erzieherin, Heilpädagogin, ist Fachberaterin für Kindertagesstätten der AWO Schleswig-Holstein gGmbH. Langjährige Berufserfahrung als Kita-Leiterin, Internationales Montessori-Diplom, Pädagogisch-therapeutische Beraterin.

Michael Regner, Schulpädagoge, ist freiberuflich sowohl in der Fort- und Weiterbildung als auch Organisationsentwicklung und als Coach und Trainer tätig. Langjährige Berufserfahrung in der Kinder- und Jugendarbeit, Ausbildung zum professionellen Coach, Autor von Fachpublikationen. Arbeitsschwerpunkte: Partizipation, Lernwerkstatt und Beobachten und Dokumentieren in Kindertageseinrichtungen, Team- und Einzelcoaching.

Franziska Schubert-Suffrian, Erzieherin, Heilpädagogin, Dipl.-Soz.Päd., ist Fachberaterin im Verband Evangelischer Kindertageseinrichtungen in Schleswig-Holstein und freiberuflich sowohl in der Fort- und Weiterbildung als auch Organisationsentwicklung und als Coach tätig. Autorin von Fachpublikationen. Langjährige Berufserfahrung als Kita-Leitung. Arbeitsschwerpunkte: Partizipation, Lernwerkstatt und Beobachten und Dokumentieren in Kindertageseinrichtungen, Team- und Einzelcoaching.

Wir danken den Kindertageseinrichtungen, mit denen das Konzept »Mitentscheiden und Mithandeln« erprobt und weiterentwickelt wurde:

AWO Kindertagesstätte Lotte Lemke
Holstenstieg 9
25469 Halstenbek

Ev. Kindertagesstätte Hasseldieksdamm
Am Wohld 2–4
24109 Kiel

»Tausendfüßler«
Kinder- und Familiengarten Kaltenkirchen e.V.
Krückauring 114
24568 Kaltenkirchen